Laura Roth

Sieben Jahre ewiger Frühling

La Palma, Lanzarote, Teneriffa.
Geschichten und Erlebnisse vom Auswandern
und der zauberhaften Reise zurück.

Laura Roth

Sieben Jahre ewiger Frühling

La Palma, Lanzarote, Teneriffa.
Geschichten und Erlebnisse
vom Auswandern und
der zauberhaften Reise zurück.

IMPRESSUM

Laura Roth
Sieben Jahre ewiger Frühling

1. Ausgabe

lauraroth202@gmail.com

Fotos | Karte: Laura Roth
Cover: Laura Roth

ISBN-10: 1533549907
ISBN-13: 978-1533549907

Inhalt

Vorwort

Vor sieben Jahren wanderten mein Mann Leo und ich von München auf die Kanarischen Inseln aus. Unser Gepäck bestand aus zwei Koffern, zwei Rucksäcken, zwei Laptops und jeder Menge Optimismus. Die Wohnung in Top-Lage hatten wir aufgelöst, unseren gesamten Besitz verkauft. Obwohl wir beide nicht mehr ganz jung waren, wollten wir uns noch einmal komplett neu orientieren, bei NULL anfangen.

Wir wagten den Neubeginn auf La Palma, gingen weiter nach Lanzarote und schließlich nach Teneriffa. Alles war anders, als wir es erwartet und erwünscht hatten, dafür war die Zeit reich gefüllt mit einzigartigen Erfahrungen und Erkenntnissen. Wir haben tolle, verrückte und schräge Menschen kennengelernt. Wir haben die Liebe von und zu Tieren erfahren, und wir haben schmerzlich begreifen müssen, wie schwer es ist, die Landessprache zu lernen. Das Leben hat uns mit Problemen und nicht zuletzt mit uns selber konfrontiert.

Nach sieben Jahren war es genug, es wurde Zeit für uns zu gehen. Wir verließen die Inseln, wie wir gekommen waren: mit zwei Koffern, zwei Rucksäcken und zwei Laptops. Doch dieses Mal legten wir die Strecke nicht mit dem Flugzeug zurück, sondern entschieden uns für eine beschauliche Reise mit dem Auto. Auf dem Weg nach Deutschland erlebten wir zwölf einzigartige Städte in zwölf unvergesslichen Tagen.

1

Teneriffa, Juni 2015

In der Nacht hat es geregnet. Die frisch gewaschenen Pflanzen in den Terracottatöpfen auf der Terrasse strahlen in allen Farben: pink die Bougainvillea, rot der Hibiskus und weiß die Plumeria. Die Vögel zwitschern ihre Lebensfreude in den Tag. Von einem wolkenlosen Himmel scheint die Sonne und taucht die Welt vor meinen Augen in ein goldenes Licht. Bald wird es sehr warm werden. Ein wunderschöner Morgen ... und ich müsste eigentlich glücklich sein.

Mein Blick fällt auf das blaue Meer tief unter mir. Jetzt, im Sommer, ist es friedlich. Im Winter dagegen entwickelt der Atlantik seine zerstörerischen Kräfte, schickt meterhohe Wellen mit großem Getöse an die Küsten und bricht Mauern weg, als wären sie aus Legosteinen. Auch Menschen fallen dem Meer dann immer wieder zum Opfer: Für ein hautnahes Erlebnis und ein gutes Foto wagen sie sich zu nah an das beeindruckend tobende Wasser, das nicht unterscheidet zwischen Mauern und Menschen und sich gefräßig nimmt, was es erwischen kann.

Aber jetzt ist es ein harmloses, ein gut gelauntes Sommermeer, auf das ich schaue. Friedlich und beruhigend. Und ich werde es vermissen. Je näher der Tag unserer Abreise kommt, desto mehr wächst meine Unsicherheit: Sind wir wirklich im Begriff, das Richtige zu tun? Sollen wir wirklich wieder zurück nach Deutschland gehen? Weg vom Meer und der Wärme in diese kalten, grauen Winter? Weg von der Herzlichkeit der Canarios in das Leben der Deutschen, das – so scheint es jedenfalls aus der Entfernung – so stark geprägt ist von Geld und

Konsum?

Wir werden schon sehr bald unsere schnuckelige Wohnung mit diesem atemberaubenden Blick auf die Costa Sauzal aufgeben, werden die freundlichen Nachbarn verlassen und unseren liebenswürdigen Vermieter, der uns mit schöner Regelmäßigkeit fruchtig-duftende Geschenke bringt. Zugegeben, sie dürften gerne deutlich süßer sein, die Erdbeeren, die er auf seiner Miniplantage erntet und uns anschließend mit augenzwinkernder Feierlichkeit überreicht. Aber das ist nicht wichtig. Es ist die Geste, die zählt. Und der kurze Plausch, in dem wir – vordergründig – alltägliche Banalitäten austauschen, uns aber – eigentlich – der gegenseitigen Wertschätzung versichern.

Das alles hätte Frieden und Geborgenheit bedeuten können, vielleicht sogar so etwas wie Heimat. Und dennoch war und ist da dieses Gefühl der Isolation und Langeweile, gegen das ich nicht ankomme, und das mich zunehmend lähmt. Das begann schon auf La Palma, setzte sich auf Lanzarote fort und ist auch hier, auf Teneriffa, nicht anders. Die Kanaren sind eben Urlaubsinseln. Was aber, wenn man als Ausländer hier nicht seinen Urlaub, sondern den Alltag verbringt, wenn man keine Wasserratte ist und nicht gerne am Strand herumliegt? Dann ist die Sonne schnell zu heiß, die Landschaft zu gebirgig, das kulturelle Angebot zu dünn und »Sol y Playa« zu langweilig. Wie sagte mein Mann neulich so schön? »Dauernde Harmonie verblödet.« Doch ... es ist Zeit für uns, zu gehen. Wieder einmal.

2

Deutschland, September 2008

Ich habe schlecht geschlafen, bin wie gerädert. Wie durch Watte zuerst, dann deutlicher nehme ich die Geräusche von draußen wahr. Die Türglocke der Bäckerei gegenüber spielt ihre immer gleiche Melodie, begrüßt jemanden, der Brötchen kaufen will oder Brot oder Kuchen. Falls er ein halbes Stangenweißbrot kaufen wird, wird die Bäckerin ihn fragen, ob sie das Brot gerade oder schräg abschneiden soll. Mich fragt sie das auch immer. Meistens wähle ich »schräg«, aber hin und wieder auch »gerade« – wegen des Überraschungsmoments und damit wir beide mal etwas Abwechslung haben.

Leo, mein Mann, liegt neben mir. Er schläft noch fest, eingekugelt wie ein kleines Tier. Nur seine Haare, die jetzt deutlich grauer werden, sind zu sehen. Ein Anblick, der mich rührt.

Unter der glatten, weißen Bettdecke bricht mir der Schweiß aus. Dabei ist mir gar nicht warm. Ich schwitze vor Angst. Angst vor dem Neuen, dem Unbekannten, vor der Veränderung. Angst vor dem Verlassen des kuscheligen Nests.

Gestern Abend, bei einem Glas schweren Rotweins und nach vielen Zahlenkolonnen auf einem karierten Block, ist die Entscheidung gefallen. Wir werden Deutschland verlassen. Das Land, das seit über fünfzig Jahren unsere Heimat ist, hat für uns keine Zukunft.

Leo und ich, beide Freiberufler, können unseren Lebensunterhalt nicht mehr erwirtschaften. Die Honorare der Auftraggeber gehen seit Jahren steil nach unten, von den Lebenshaltungskosten – vor allem hier in München – kann man das leider mitnichten behaupten. Schon länger übersteigen deshalb unsere Ausgaben die Einnahmen. Anfangs nur ein wenig, dann jedes Jahr etwas mehr. Die Rücklagen verdampfen wie Wassertropfen auf der heißen Herdplatte. Das gewohnte Umfeld, in dem wir seit über zwanzig Jahren verwurzelt sind, werden wir auf jeden Fall aufgeben müssen. Aber wohin gehen und was dort tun? Wir sind nicht alt genug für den Ruhestand, aber zu alt für den deutschen Arbeitsmarkt. Deshalb haben wir beschlossen: Wir werden keinen kleinen, halbherzigen Schnitt machen, sondern einen radikalen. Wenn schon, denn schon! Wir werden unseren gesamten Besitz auflösen, die Uhren auf Null stellen, noch einmal von vorne beginnen. Jeder wird nur noch einen Koffer haben und ein Laptop. Und so, ohne Ballast, werden wir nicht nur München, sondern Deutschland hinter uns lassen!

Gestern war ich noch euphorisch und fand unsere Pläne aufregend. »Ist doch toll, noch mal was ganz Neues zu machen, neue Eindrücke zu bekommen«, flötete ich mir selber ins Ohr. »Eine spannende Herausforderung!« Und jetzt liege ich hier wie ein Häufchen Elend und schwitze in mein Nachthemd. Leo schwitzt nicht. Leo schläft.

Leise quäle ich mich aus dem Bett und verschwinde unter der Dusche. Das warme Wasser tut mir gut. Ich creme mich ein und schminke mir den verpassten Schlaf ins Gesicht. Für meine täglichen Yogaübungen bin ich heute zu unruhig, also mache ich mir gleich mein Frühstück. Auf dem Esstisch finde ich die Berechnungen von gestern. Ich sehe mir die Zahlen noch einmal an: Nein, kein Irrtum, die Rechnung stimmt. Trotz aller Streichungen bei den Ausgaben bleibt ein deutlicher, monatlicher Fehlbetrag. Ich löffele den warmen Haferflockenbrei gedankenverloren in mich hinein und verbrenne mir am heißen Tee die Zunge. Fängt ja echt gut an, dieser Tag!

Deutschland, Oktober 2008

Auf dem gelben Flyer prangt in fetten schwarzen Buchstaben: »Dienstleistung wird wieder großgeschrieben. Wir bieten: gute Arbeit – faire Preise«. Und darunter: »Wohnungsauflösungen: Wir übernehmen Ihren gesamten Hausstand. Alles Verwertbare wird angerechnet«. Hört sich vielversprechend an! Das Unternehmen könnte uns bei der Auflösung unserer Wohnung helfen, denn ohne Unterstützung ist das für uns nicht zu schaffen. Im Laufe der Jahre hat sich viel angesammelt. Allein die Regale im Keller sind voll mit Kartons, mit Dingen, die wir nach einem Umzug nicht mehr brauchen konnten, aber auch nicht wegwerfen wollten. Ein Büro müssen wir auflösen und eine Wohnung. Viel Zeit bleibt uns nicht. Den Mietvertrag für unsere schöne Dachterrassenwohnung haben wir zum 1. Februar gekündigt. Einmal zu diesem großen Schritt entschlossen, wollen wir unsere Pläne jetzt auch zügig umsetzen.

Ein Termin mit dem Firmeninhaber ist schnell vereinbart. Zwei Tage später steht er in unserem Flur. Dick, mit feucht-kalten Händen und schwer nach Zigarettenrauch muffelnd. Er stapft mit Kennerblick durch die Wohnung. Erwartungsvoll warte ich auf ein Angebot für die teure Einrichtung. Aber dann kommt's: Weitschweifig erklärt er, warum er die Möbel nicht verkaufen könne. Am Ende bietet er an, die Wohnung kostenlos zu entrümpeln. Ich bin empört und frage mich, was der Mann sich unter »guter Arbeit« und »fairen Preisen« vorstellt?

Das Wochenende wird zum Schnelldurchgang durch mehr als fünfzig Jahre Leben. In den Kellerregalen stehen dicht an dicht Kartons mit Fotografien. Kurz denken wir darüber nach, alles ungeöffnet auf den Müll zu werfen. Aber das bringen wir dann doch nicht übers Herz.

Außerdem: Vielleicht sind ja auch Familienfotos dabei, die andere gerne aufheben möchten.

»Lass uns die Kartons mal durchgehen. Dabei könnten wir die Bilder einscannen, die uns wichtig sind«, schlägt Leo vor. »Wir haben sie dann immer dabei, und sie nehmen trotzdem keinen Platz weg.« Gute Idee! Also schleppen wir einen Teil der Kisten und Kartons in die Wohnung und beginnen sie zu sichten.

Als Erstes fallen mir Bilder von meinem Vater während des Zweiten Weltkriegs in die Hände: Ein junger, optimistischer Mann sieht mich an, das Gesicht zart, verletzlich und doch gleichzeitig durchdrungen vom Glauben an sich selbst. Dunkle Haare, dunkle Augen, ein gut aussehender Typ, Träger des Eisernen Kreuzes. Ostfront. Ein tapferer Kämpfer für Führer und Vaterland am Beginn einer vermeintlichen Karriere. Was für ein Wahnsinn! Als gebrochener Mann wird er nach langen Jahren der Gefangenschaft aus diesem verdammten Krieg zurückkehren, zurück in ein völlig zerbombtes Deutschland, zurück zu einem Sohn, der, mittlerweile sieben Jahre alt, sich erst mühsam daran gewöhnen muss, dass die zerlumpte Gestalt in der Wohnungstür sein Vater ist.

Ich betrachte eines der wenigen Bilder aus dieser Zeit, die meine Eltern gemeinsam zeigen. Meinen dunkelhaarigen Vater und meine blonde, blauäugige Mutter, diese lachende, lustige, hübsche Frau, die sich offensichtlich mit dem Mann an ihrer Seite sehr gut versteht. Beim Ansehen spüre ich einen Stich: Nie wieder werden sie sich so gut verstehen, nie werde ich sie so harmonisch empfinden wie auf diesem Foto. Zu viele Albträume, zu viel uneingestandene Schuld, zu viele zerstobene Träume liegen zwischen diesem Foto und dem Leben, das darauf folgt.

Ich blättere weiter durch meine eigene Vergangenheit, sehe das Kleinkind in Schwarz-Weiß mit den blonden

Löckchen und dem abstehenden Ohr. Ein paar Jahre später, als kleines Mädchen, werde ich es mir mit Hansaplast an den Kopf kleben, in der Hoffnung, es so zu bändigen und zu einem braven, eng anliegenden Ohr zu machen. Aber es wird nicht funktionieren, dieses widerspenstige Ohr wird sich durchsetzen.

Dann begegnet mir das Schulkind, kurzhaarig und mit wachen Augen, später der Teenie, schick in diesem unschuldig-kecken und rührend-dämlichen Look der sechziger Jahre, und endlich die junge Erwachsene. Ein rundes, weiches Gesicht mit vollen Lippen. Heute verstehe ich gar nicht mehr, warum ich damals so unzufrieden mit mir war.

Die Fotos erzählen lauter schon vergessene Geschichten von gelebtem Leben, längst vorbei und doch festgehalten für die Ewigkeit. Das Betrachten, Sortieren und Auswählen der Bilder macht mir mehr zu schaffen, als ich dachte. So viele Emotionen, so viele Verstorbene, die mich noch einmal anlächeln – das Festhalten der Zeit hat immer auch etwas Schmerzliches.

Deutschland, November 2008

Ich kann kein Papier mehr sehen! Und dieses regelmäßige »Ratsch-Ratsch« geht mir allmählich auch auf den Keks. Seit Tagen filze ich Regale und Schubladen, Ordner und Ablagen. Das meiste wird zerrissen und wandert in den großen schwarzen Papiermüllsack neben mir. Aber es nimmt einfach kein Ende. Was hat man nicht alles verwahrt: exotische Reiseziele (nie da gewesen), nützliche Gesundheitstipps (nie reingeguckt) und tausend Ideen für neue Projekte (nie realisiert). Was für ein Irrsinn! Ich schwöre, nach diesem Tabula rasa werde ich nie wieder irgendein Zeug horten, nur weil ich es vielleicht irgendwann einmal brauchen *könnte!*

Es hilft alles nichts: Jeder verdammte Aktenordner aus meinem (frei-)beruflichen Leben der letzten fünfzehn Jahre muss durchgesehen und entsorgt oder neu sortiert und archiviert werden. Das Finanzamt kennt da kein Pardon. Auch nach zehn Jahren muss ich noch nachweisen können, dass damals bei der Bewirtung eines potenziellen Kunden (zwei Schweinebraten mit Knödel und Blaukraut, ein Weißbier, ein Helles alkoholfrei, kein Nachtisch) alles mit rechten Dingen und gültigem Mehrwertsteuersatz zugegangen ist.

Na ja, zumindest alles, was älter als zehn Jahre ist, kann ich damit schon mal vernichten. Wenn es so weiter geht, wird der automatische Schredder bald seinen Geist aufgeben, und auch ich bin nicht mehr weit davon entfernt.

3

Teneriffa, 14. Juni 2015

Das letzte Mal schlürfen wir unseren sonntäglichen Cortado, einen kleinen schwarzen Kaffee, auf der herrlichen Terrasse unseres Lieblingssafés oberhalb von Puerto de la Cruz und blicken hinunter auf das Städtchen am Meer. Das letzte Mal genießen wir den Abendspaziergang am schwarzen Strand in Mesa del Mar. Das letzte Mal kaufen wir den leckeren Ziegenkäse beim Mercadona ein. Das letzte Mal stopfe ich schmutzige Wäsche in die Waschmaschine ... Das ist das sicherste Zeichen dafür, dass unser Aufbruch unaufhaltsam näher rückt: Immer öfter tun wir jetzt das, was wir tun, »zum letzten Mal«.

Es ist Sonntag. In vier Tagen, um elf Uhr morgens, werden wir mit unserem kleinen Auto auf der Fähre im Hafen von Santa Cruz einchecken. Unser Leben auf den Kanarischen Inseln wird damit vorbei sein. Wir verlassen Teneriffa in Richtung Deutschland, genauer gesagt: Mecklenburg-Vorpommern, noch genauer: Schwerin. Eine Gegend, die wir zwar nur flüchtig kennen, aber uns reizen die flache Landschaft, die vielen Seen, die Nähe der Ostsee und so interessante »Ausflugsziele« wie Hamburg, Lübeck oder Rostock.

Unser Gepäck wird nur aus zwei großen und zwei kleinen Koffern, zwei Rucksäcken und zwei Laptops bestehen. Alles andere haben wir verkauft, verschenkt, entsorgt. Wir gehen hier weg, wie wir damals gekommen sind. Nur unsere Seelen sind heute reicher – an Erfahrungen, Erlebnissen, Begegnungen, aber natürlich auch an Enttäuschungen. Das Leben auf den Inseln hat uns mit Problemen und nicht zuletzt mit uns selber konfrontiert. Es ist alles anders gekommen, als wir vor fast sieben Jahren erhofft und geplant hatten. Schlechter? Nicht wirklich. Besser? Auch nicht. Anders eben.

Die Fahrt über den Atlantik von Teneriffa nach Huelva im Südwesten von Spanien soll, laut Reederei, gut dreißig Stunden dauern, zwei ganze Tage und eine Nacht also. Dort werden wir das erste Mal auf der Peninsula, wie man hier das spanische Festland nennt, übernachten.

Dann werden wir fast dreitausend Kilometer durch Spanien, Frankreich und Belgien zurück nach Deutschland fahren. Die Reisedauer haben wir großzügig geplant, denn wenn wir mit etwas großzügig umgehen können, dann ist es mit der Zeit. Zwei beschauliche Wochen haben wir zur Verfügung. Natürlich könnten wir auch fliegen, das wäre – inklusive Autotransport – auch nicht teurer, dafür deutlich schneller. Doch genau das wollen wir nicht. Wir möchten uns langsam den neuen Lebensumständen nähern und Schritt für Schritt, oder besser gesagt: Ort für Ort, die vertrauten Strukturen hinter uns lassen. Außerdem ist diese Art der Reise für uns eine gute Gelegenheit, einige interessante Städte auf der Strecke zu besichtigen.

Es hat uns viel Zeit gekostet, die endgültige Route auszutüfteln. Immer wieder haben wir alles umgestellt. Mal erschienen uns die Orte an der Wegstrecke nicht interessant genug, mal das Tagespensum zu lang. Aber jetzt haben wir eine Route, die passt: Wir wollen jeweils den Vormittag zum Fahren nutzen, dann im Hotel einchecken, uns etwas ausruhen und am Nachmittag die Stadt erkunden. Zwölf Hotels in zwölf Tagen. Alle Unterkünfte sind gebucht, alle haben Klimaanlage, WLAN und eine Garage für den Panda. Alles in allem also Schwelgen im Luxus – zumindest für unsere Verhältnisse.

Teneriffa, 16. Juni 2015

Es ist an der Zcit, dic Wohnung leer zu räumen. Leo schraubt die Möbel auseinander, die wir bei unserem Einzug mühselig zusammengesetzt haben. An einer Wand stapeln sich die Einzelteile unseres Bettes, an einer anderen lehnt die Matratze. Die Plastiktüten auf dem Boden füllen sich mit Schrauben.

Die Balkontür ist weit geöffnet und lässt den Geruch nach Sommer hinein, zusammen mit dem Krach von der gegenüberliegenden Baustelle. Seit zwei Jahren zerrt der Lärm an unseren Nerven. Das zumindest werden wir schon mal nicht vermissen ...

Wir erwarten Alejandro und Marisa. Unser liebenswerter Briefträger und seine ebenso liebenswerte Frau übernehmen den größten Teil unserer Einrichtung für einen kleinen Geldbetrag. Die beiden richten sich ihre erste gemeinsame Wohnung ein, ein Nest für die junge Liebe. Und so kam ihnen unser Aushang wegen der Wohnungsauflösung sehr recht. Im Neuzustand jedenfalls, so haben sie uns versichert, hätten sie sich die Möbel nicht leisten können. Auf den Kanaren sind die Gehälter niedrig und die Arbeitslosigkeit hoch. Ihre offensichtliche Freude über die schönen Möbel beglückt uns. Und die Vorstellung, dass Bett, Sofa, Regal und Lampen nicht irgendwo landen, sondern der Grundstock für ihr neues Zuhause sein werden, macht es uns leicht, uns von den Sachen zu trennen.

Leo nimmt inzwischen das Sofa auseinander. Noch ein Regal, und dann ist alles zum Abtransport vorbereitet. In der Zwischenzeit packe ich eine Kiste nach der anderen mit Geschirr, Gläsern, Besteck und allem möglichen Kleinkram für eine gute Bekannte, Svenja, die gerade dabei ist, eine Ferienwohnung einzurichten und die Küchenutensilien deshalb gut gebrauchen kann.

Es klingelt. Welche Überraschung, als Alejandro alleine vor der Tür steht! Er strahlt uns an. Marisa müsse noch arbeiten, sagt er, und dass sie später dazu käme. Mir schwant, dass der Tag heute anstrengender werden wird, als ich gedacht habe. Alleine kann Alejandro unmöglich alle Möbelteile vom ersten Stock hinunter zum Auto auf der Straße transportieren. Es führt kein Weg daran vorbei, wir werden wohl beim Tragen helfen müssen. Für mich mit meinen fünfzig Kilo Körpergewicht sind die meisten Teile zu schwer. Deshalb muss vor allen Dingen mein armer Mann mit anfassen. Er tut mir leid. Sein Rücken wird diese Belastung nicht gut verkraften. Aber es hilft nichts, die Sachen müssen heute raus.

Eigentlich sollte Alejandro schon wieder weg sein, dafür steht Svenja früher als erwartet vor der Tür und – Bingo! – sie hat ebenfalls keine Hilfe zum Tragen mitgebracht. Also müssen wir auch hier wieder mithelfen. Aber was soll's: Wir haben in den letzten Jahren gelernt, cool zu bleiben, wenn nicht immer alles auf Anhieb klappt. Das schont die Nerven, und es ist ja auch nicht zu ändern.

Alejandro schließt gerade die Türen seines Kleintransporters, als seine Frau endlich kommt. Man begrüßt sich mit Küsschen links und rechts, man verabschiedet sich mit Küsschen links und rechts, man wünscht sich gegenseitig alles Gute. Alejandro, Marisa und der größte Teil unserer ehemaligen Wohnungseinrichtung verlassen das Grundstück. Ich atme tief durch: Das wäre geschafft!

Bei der Beladung von Svenjas Auto gibt es Probleme. Der kleine Schreibtisch passt nicht in den Kofferraum. Darum soll er auf den Rücksitz. Aber die Tür ist zu eng. Wir können ihn drehen und wenden, wie wir wollen, es geht nicht. Also muss Leo wieder ran. Doch das kostet ihn nur noch ein Schulterzucken. Die Geschwindigkeit, mit der er das passende Werkzeug zur Hand hat, zeigt mir, dass er nicht wirklich überrascht ist. Als er Svenja aus dem Wagen aussteigen sah, ahnte er wohl schon, dass es bald etwas zu schrauben geben würde ...

Gegen Abend ist es endlich geschafft: Die Wohnung ist tatsächlich leer, von der Baustelle gegenüber hört man keinen Ton mehr, alles ist ruhig und friedlich. Im Wohnzimmer steht nur noch der Balkontisch mit zwei Stühlen. Ausgepowert sitzen wir da. Der Blick wandert ohne Emotionen durch die Wohnung. Wir sind viel zu erschöpft, um irgendwelchen sentimentalen Gefühlen nachzuhängen. Wir essen noch ein karges Brot, trinken ein Glas Wein dazu und wollen nur noch ausruhen. Vor ein paar Jahren wären uns solche Aktionen noch erheblich leichter gefallen. Das sind so die Momente, in denen man den jungen Schnöseln und Schnöselinnen die Krätze an den Hals wünschen möchte, wenn sie in irgendwelchen Talkshows oder Interviews vom »Altern in Würde« schwafeln.

Unsere Nachbarin Karin hat uns ihre Wohnung für die letzten zwei Tage zur Verfügung gestellt. Darüber sind wir mehr als froh, denn so müssen wir nicht noch in ein Hotel ausweichen. Unser Auto kann bis zuletzt in der Tiefgarage stehen und in aller Ruhe bepackt werden.

Karin ist eine attraktive Frau um die sechzig. Vor ein paar Jahren hat sie Leipzig den Rücken gekehrt und ist mit ihrem Lebenspartner nach Teneriffa übergesiedelt. Gemeinsam kauften sie sich ein Haus mit Garten und bauten es mit viel Liebe um. Wie ich es bei so einigen Einwanderer-Paaren auf den Inseln beobachtet habe, ging auch diese Beziehung in die Brüche, kaum dass die gemeinsamen Träume endlich mit erheblichem Aufwand realisiert waren. Karin und ihr Lebensgefährte trennten sich im letzten Jahr. Das Haus wurde verkauft und sie mietete eine Wohnung auf unserer Etage an. Wochenlang wurden die Räume umgebaut und eingerichtet. Es sollte ein neues Heim werden, ein Ort, an dem sie sich auch alleine geborgen fühlen würde.

Gerade war sie mit allem fertig, verliebte sie sich neu! Seitdem verbringt sie die meiste Zeit bei ihrem Freund in einer *Urbanización* in der Nähe. Genau genommen war sie schon wieder weg, bevor sie überhaupt eingezogen war. Und da sage noch mal einer, wir Frauen wüssten nicht, was wir wollten! Jedenfalls steht Karins Wohnung seitdem meistens leer, und das ist für uns jetzt eine tolle Sache: nur über den Flur gehen und unsere müden Knochen ins Bett legen – wunderbar!

Teneriffa, 17. Juni 2015

Am nächsten Tag sind wir früh auf den Beinen. Trotz der Müdigkeit konnte ich nicht richtig schlafen, mir gingen so viele Dinge durch den Kopf. Die ungewohnt harte Matratze und die lästigen Mücken taten ihr Übriges. Aber ich bin mit meinem Schicksal nicht allein, Leo sieht auch nicht gerade erholt aus.

Heute haben wir wieder ein strammes Programm vor uns. Wir müssen packen, die Wohnung gründlich putzen und das Auto beladen.

Alles was wir mitnehmen wollen, muss in zwei große und zwei kleine Koffer passen. Wichtige Unterlagen, Laptops, ein paar kleinere Haushaltsgeräte, selbst gemalte Bilder, Kleidung, Schuhe, Kosmetika – einfach alles. Zwei Durchgänge »Probepacken« haben wir in den letzten Wochen schon hinter uns gebracht. Und jedes Mal ordentlich aussortiert. Trotzdem füllt sich auch heute wieder eine Reisetasche mit ein paar Dingen zum Verschenken sowie eine blaue Tüte für den Müll. Da wir auf unserer Rückreise jeden Tag in einem anderen Hotel übernachten werden und das Gepäck nicht im Auto lassen wollen, dürfen die Koffer nicht zu schwer sein. Schließlich müssen sie jeden Abend aus- und am nächsten Morgen wieder eingeladen werden.

Bis zum Mittag sind wir fertig. Leo kocht uns aus Resten eine Kleinigkeit. Nach einem abschließenden Kaffee kann dann der unangenehmere Teil des Tages beginnen: Putzen. Kühlschrank, Waschmaschine, Schränke von innen und außen, Fußböden — jeder Quadratzentimeter wird bearbeitet. Am späten Nachmittag ist es vollbracht: Alles ist blitzeblank, das Auto steht vollgetankt und fertig bepackt in der Garage – und wir können uns kaum noch bewegen.

Trotz der Erschöpfung wollen wir unbedingt einen Abschiedsspaziergang an der Costa Sauzal machen. Das ist für uns der schönste Küstenabschnitt von ganz Teneriffa, direkt unterhalb des Hauses, in dem wir wohnen. Das heißt aber nicht, dass wir nur mal eben den Berg hinuntergehen müssten, oh nein! Auf den gebirgigen Kanaren wie Teneriffa, La Palma, El Hierro oder La Gomera bedeutet »etwas in der Nähe zu sehen« noch lange nicht auch »schnell dorthin zu kommen«. Und so winden wir uns, wie schon so oft in den letzten beiden Jahren, das steile, abenteuerlich schmale Sträßchen hinunter ans Meer, umkurven dabei dicke Steinschlagbrocken und hoffen, dass uns nicht zu viele Autos entgegenkommen werden. Denn dann gilt es so lange herumzumanövrieren, bis man ohne Schrammen aneinander vorbeikommt.

Und das gestaltet sich manchmal recht abenteuerlich. Dass wir dabei noch nie in brenzlige Situationen gekommen sind, liegt im Wesentlichen daran, dass die Canarios nicht nur schlechte, sondern auch höfliche Autofahrer sind und dass Leo – im Gegensatz zu mir – in solchen Situationen eigentlich immer ziemlich gelassen bleibt. Manchmal bewundere ich ihn dafür, aber ich sag's ihm nicht – wer mag schon eingebildete Männer ...

Wir kommen natürlich auch diesmal wieder heil an. Die Luft ist warm, der Himmel blau, die Wölkchen watteweich, und das Meer plätschert sanft gegen die steilen Felsen. Wunderschön! Wir machen mit der eingebauten Kamera, die direkt neben der Seele sitzt, Erinnerungsfotos, die wir nie vergessen werden.

Am Abend ist Wohnungsübergabe. »Denkt immer dran, Ihr habt jetzt Freunde auf Teneriffa. Nicht nur Bekannte, sondern Freunde!«, sagt unser Vermieter Fernando, während wir uns herzlich umarmen. Und mit einem breiten Grinsen fährt er fort: »Vielleicht wird es Euch ja doch zu kalt in Deutschland und Ihr wollt wieder hierher zurück. Dann meldet Euch, ich werde immer einen Platz für Euch haben!« Wir verbergen unsere Rührung hinter einem ebenso breiten Grinsen.

Herzlich sind auch die Verabschiedungen von unseren Nachbarn Javier und Pilar, dem Polizisten Diego und seiner ständig putzenden Frau und von Sebastian aus München. Gegenseitig viele gute Wünsche, Küsschen links und rechts, und damit ist das Leben auf Teneriffa fast schon abgeschlossen. Noch eine letzte Nacht in diesem schönen Haus in der schönen Landschaft über der schönen Küste, und dann geht's los.

Teneriffa, 18. Juni 2015

Es ist fast neun, um elf Uhr wird die Fähre auslaufen. Wir starten das Auto und fahren aus der Garage. Ein letzter Blick auf das leuchtend blaue Haus, das über zwei Jahre unser Zuhause war. Jetzt nur nicht sentimental werden!

Es ist nun einmal so. Wir sind nicht in der luxuriösen Situation, ein Vermögen oder eine üppige Rente unter südlicher Sonne verleben zu können, sondern müssen unseren Lebensunterhalt verdienen. Wir hatten geglaubt, das, dank Internet, unabhängig von einem festen

(Stand-)Ort tun zu können. Die Aussicht auf beständig sonniges Wetter, auf blauen Himmel und Meer machte uns damals die Entscheidung für das Leben auf den Kanarischen Inseln nicht schwer.

Die Wirklichkeit hat uns eingeholt. Das Umfeld, in dem man lebt und arbeitet, ist wichtiger als wir dachten. Schönes Wetter allein reicht nicht. Das Internet mag Ersatz für vieles sein, aber es ersetzt eben nicht die *lebendige*, inspirierende Realität. Die Kreativität, Grundlage unserer Arbeit und damit unseres Einkommens, will ständig gefüttert werden. Wir brauchen wechselnde Eindrücke und die Chance, Konzepte, Ideen, Pläne ausprobieren zu können. Und das alles, so mussten wir in den letzten Jahren zunehmend einsehen, finden wir auf keiner der Kanaren in ausreichendem Maß.

Es ist also an der Zeit, wieder etwas zu verändern. Und zwar grundsätzlich. Generell haben wir damit kein großes Problem. Schließlich ist das Leben in ständiger Bewegung. Es gibt keine Sicherheiten, weder im Umfeld noch in einem selber. Alles unterliegt ständigem Wandel, und deshalb hat es keinen Sinn, in vertrauten Strukturen und einmal getroffenen Entscheidungen verharren zu wollen. Auch wenn das manchmal, so wie jetzt, schwerfällt.

Die Zufahrt zur Fähre im Hafen von Santa Cruz ist nicht so einfach zu finden, auch nicht mit Navigationsgerät. Aber das ist normal. Auf den Kanaren ist selten etwas einfach zu finden. Vor allem an den abgelegeneren Orten fragt man sich am besten durch. Auf Lanzarote beispielsweise orientieren sich die Leute weniger an Straßennamen, sondern eher an markanten Punkten wie »neben der Apotheke« oder »vor der Tankstelle« oder »an der Kirche rechts«. Der zeitliche Spielraum, den wir eingeplant haben um die Fähre von *Naviera Armas* zu erreichen, ist entsprechend groß.

Nach einem kleinen Umweg, der uns noch einmal in

einem Halbkreis um die schöne Hauptstadt Santa Cruz führt, sind wir da. Wir checken ein. Vor lauter Aufregung muss ich zur Toilette. In dem engen Raum meine ich, schon das Schwanken des Bodens zu spüren. Vorsichtshalber schlucke ich eine Reisetablette.

Wir fädeln uns in die Reihe der wartenden Autos ein. Es ist schon jetzt ganz schön warm. Unsere Mitreisenden sitzen bei geöffneten Türen in ihren Wagen oder schlendern auf und ab. Neben mir wird ein Hund ein letztes Mal vor der großen Reise gefüttert. Irgendwann kommt Bewegung in die Schlange. Dutzende vollgepackter Autos verschwinden im Bauch der Fähre. Laster und Pkws in allen Größen, auch ein paar Motorräder sind dabei.

Unsere Kabine ist klein, aber sie hat ein großes Fenster. Rechts und links sind schmale Betten an der Wand befestigt, dazwischen, unterhalb des Fensters, ein Nachttisch. Im offenen Fach stehen ein paar kleine Flaschen Mineralwasser, ein Geschenk der Reederei. Die weiß bezogenen Betten sehen einladend aus. Ich lege mich probeweise auf die Matratze und finde es ganz gemütlich. Wir verstauen unseren Proviant und die Tasche mit den Schlafanzügen, dem Kulturbeutel und frischer Wäsche. Dann machen wir uns auf den Weg zum Außendeck.

Bei strahlendem Sommerwetter legen wir ab. Nach und nach verschwinden der majestätische Teide, die Silhouette von Santa Cruz samt goldgelbem Stadtstrand, das Anaga-Gebirge und die raue Nordküste in der Ferne. Wir stehen stumm am Heck des Schiffes und haben beide das Gefühl, dass da nicht nur eine Insel, sondern auch eine wichtige Phase unseres Lebens im Dunst verschwindet, der sich über dem Meer ausbreitet.

»Dieser verdammte Wind«, sagt Leo neben mir, »treibt einem ganz schön die Tränen in die Augen, was?«

Ich verstehe und nicke nur.

4

Deutschland, Ende Januar 2009

Ein rauer, eisiger Wind fegt durch die Straßen. Schmerzende Muskeln, lahme Glieder. Eigentlich habe ich gar keine große Lust, draußen herumzulaufen. Ich habe mich dick eingepackt, die Mütze bis zu den Augenbrauen, Schal bis zur Nasenspitze. Aber gegen die feuchte Kälte kann ich mich nicht wirklich wappnen. Gnadenlos kriecht sie durch meine Winterkleidung. Am schlimmsten jedoch ist das trübe Licht: Ist es jetzt Morgen, Mittag, Nachmittag oder schon Abend? An der Helligkeit jedenfalls kann man es nicht erkennen. Depri-Wetter. Wir freuen uns auf La Palma. Die Insel lockt mit sonnigen zwanzig Grad! Der Flug ist gebucht, am 7. Februar geht's los!

Ich ziehe mir den Schal noch etwas höher ins Gesicht und sehe mich schon im sommerlichen Outfit mit meinem Mann in einem sanften Windhauch unter einem Blätterdach sitzen, etwas lesen, etwas trinken, etwas träumen oder mit dem neuen Laptop auf den Knien im Internet surfen. Ach ja, und Zitronenbäume gibt es natürlich auch!

Für die ersten beiden Wochen haben wir eine Ferienwohnung in einer traumhaften Gartenanlage gebucht. Mit viel Raum im Freien. Die Wohnung hat zwei Terrassen, und der ganze Garten wird uns zur Verfügung stehen.

Deutschland, 7. Februar 2009

Der Wecker klingelt um sechs Uhr in der Früh. Ich liege schon lange wach, mein Herz klopft wie wild. Endlich kann ich aufstehen, duschen, mich anziehen. Den größten Teil meiner warmen Kleidung habe ich in einem Altkleidercontainer entsorgt. Ein Fehler, wie sich später noch herausstellen soll. Aber wir haben nicht genug Platz, um so viele Klamotten mitzunehmen. Und außerdem: Auf der Insel des ewigen Frühlings erwarten mich schließlich Sonne und Wärme! Für die letzten Stunden im kalten Deutschland müssen deshalb mehrere Lagen Wäsche und eine dicke Strickjacke reichen.

Die Fahrt zum Flughafen verläuft unspektakulär. Na ja, was habe ich eigentlich erwartet? Eine Blaskapelle, die »Muss i denn muss i denn« spielt? Spalier mit Transparenten und roten Rosen? Kurze, aber ergreifende Abschiedsrede der Bundeskanzlerin? Na eben!

Auch mit dem Einchecken am Flugschalter klappt alles wunderbar. Abgesehen von der Gebühr fürs Übergepäck, die ganz schön happig ist. Genau genommen zahlen unsere Koffer fast mehr für die Reise als wir.

Während wir zwischen aufgeregten Urlaubern und plärrenden Kindern auf das Einsteigen warten, wird uns zum ersten Mal so richtig bewusst, dass wir – im Gegensatz zu den allermeisten um uns herum – *nicht* in einer oder zwei Wochen wieder zurückkehren werden. Werden wir überhaupt wieder zurückkommen? Und wenn ja, wann? Bei diesem Gedanken läuft mir eine Gänsehaut über den Rücken, und ich schaue verstohlen zu meinem Mann hinüber. Der sieht nicht besonders aufgeregt, sondern eher unternehmungslustig aus. Warum müssen Männer immer so ... so ... *verdammt cool* sein?

Im strömenden Regen heben wir ab. Unsere Reise in Richtung Zukunft verläuft ziemlich holperig. Ich habe den Eindruck, dass wir unserem Ziel mehr entgegen hüpfen als fliegen. Nach vier Stunden landen wir endlich auf Lanzarote. Zwischenstation. Viele steigen hier aus, neue Passagiere kommen herein. Einer von ihnen bringt einen ordentlichen Husten mit, und natürlich nimmt er direkt hinter uns Platz. War irgendwie klar!

»Jetzt bloß nicht an Viren und Ansteckung denken!«, sage ich mir, »dein Immunsystem ist gut, liebe Laura, du wirst nicht krank!« Aus dem Fenster sehe ich auf eine karge Landschaft im warmen Sonnenlicht. Vielversprechend!

Noch eine Stunde trennt uns von unserem neuen Zuhause. Ich sitze zwar am Fenster, aber dummerweise auf der falschen Flugzeugseite. Außer Wolken und Meer sehe ich vom Anflug auf die Isla Bonita nichts. Na ja, bleibt die Spannung eben bis zur Landung erhalten. Auch nicht schlecht.

Die Landepiste ist kurz. Links schroffe Felsen, rechts das blaue Meer. Nach einem harten Bremsmanöver steht die Maschine. La Palma – wir sind da!

Draußen streicheln Sonne und Wärme unsere Haut. Eine leichte Brise weht durch die Haare. Fühlt sich gut an! Das Licht ist gleißend hell, bringt die Farben zum Leuchten. Während ich nach meiner Sonnenbrille suche, holt Leo den Mietwagen ab. Wir wuchten das Gepäck hinein und fahren los Richtung El Paso, zur Ferienwohnung.

Die Straße windet sich in Serpentinen die Berge hinauf. Wir sind auf einer der steilsten Inseln der Welt. Ich registriere viel Grün, viel schwarzes Lavagestein, Leitungen und Rohre, die gut sichtbar am Straßenrand verlegt sind. Die Ränder der Fahrbahn sind nicht befestigt, schroff geht es direkt daneben in die Tiefe.

Die Sonne verschwindet hinter Nebelschwaden. Wir erreichen die Wolkendecke, dann fahren wir in den Tunnel durch die Caldera de Taburiente. Wasser läuft an den grob behauenen Wänden herunter. Alles wirkt auf mich sehr fremd.

Auf der anderen Seite des Tunnels erwartet uns wieder das Sonnenlicht. Schon bald darauf sind wir in El Paso, von da geht es weiter Richtung Küste. An einer winzigen Seitenstraße müssen wir abbiegen, dann rumpeln wir über Schotterwege einen Hügel hinauf, vorbei an hohen Mauern, blühenden Mandelbäumen, Palmen, Agaven und knallpinkfarbenen Bougainvillea.

Von den Vermietern, einem dänisch-deutschen Ehepaar, werden wir herzlich empfangen und lernen als Erstes, dass man sich auf den Kanaren duzt. Als Zweites, dass man Frauen bei der Begrüßung ein Küsschen auf jede Wange gibt und schon als Drittes, dass die palmerische Kanalisation gewisse hygienische Kompromisse erfordert, soll heißen: Benutztes Toilettenpapier darf nicht in die Kloschüssel geworfen werden, sondern in einen daneben stehenden Eimer und landet folglich im Hausmüll. Igitt!

Die gewünschte Wohnung wird erst in vier Tagen frei, solange müssen wir mit einem Ausweichquartier vorlieb nehmen. Im Internet hat das alles ganz akzeptabel ausgesehen. In der Realität ist es sehr klein, ziemlich dunkel und riecht leicht modrig. Egal, uns kann noch nichts erschüttern. Außerdem sind wir nicht wirklich überrascht und werden noch öfter feststellen: Fast jede Wohnung, die sich im Internet großzügig, hell und frisch präsentiert, ist in der Realität dann eher klein, dunkel und muffig. Das ist ganz bestimmt kein böser Wille der Vermieter, sondern wohl so etwas wie ein Naturgesetz. Anscheinend kann man kleine, dunkle, muffige Wohnungen beim besten Willen nicht anders fotografieren – was für ein glücklicher Zufall!

Wir stellen die Koffer ab und fahren zum Einkaufen in den Supermarkt nach El Paso. Und hier – nach dem frühen Aufstehen, dem Herumsitzen auf Startflughafen, Zwischenflughafen und Zielflughafen, dem Warten auf die Koffer, dem Herumstehen am Schalter der Autovermietung, dem Klimawechsel, der Serpentinenfahrt über die halbe Insel, dem Ausladen, der Begrüßung, dem Small

Talk, dem Beziehen des hellen, großzügigen, frischen, kleinen, dunklen, muffigen Apartments und der nächsten Serpentinenfahrt zurück nach El Paso – überkommt uns eigentlich zum ersten Mal, aber dafür umso heftiger, der Kulturschock.

Alles im Einkaufszentrum sieht so fremd aus: die Menschen mit ihren runden Hintern und dicken Bäuchen in engen, knallbunten Leggings, die Packungen in den Regalen mit ihren riesigen Ausmaßen, die Einkaufswagen vom Format eines Kleinwagens. Alles scheint hier für Riesen oder doch wenigstens für riesige Familien gedacht und gemacht. Die dünnen Spanischkenntnisse aus dem Volkshochschulkurs reichen nicht aus, um die Aufschriften auf den Packungen zu verstehen. Ist das jetzt Spülmittel oder Waschmittel, was ich hier in der Hand habe? Na, das kann ja noch lustig werden!

Nach langem Suchen landen Kaffee, Milch, Eier, Butter, abgepackte Wurst und Käse, ein bisschen Brot und Honig in unserem Einkaufskorb. Für den Anfang muss das erst mal reichen.

Im Apartment ist es kalt. Vergeblich versuchen wir, mit einem winzigen Heizlüfter den Raum zu wärmen. In dem klammen Bettzeug kann ich mich nur schwer entspannen. Ein paar Hunden da draußen scheint es ganz ähnlich zu gehen. Sie heulen unermüdlich den imposanten Vollmond an.

Irgendwann schäle ich mich aus dem Bett und gehe im Nachthemd in den Garten. Ein Schritt in eine Zauberwelt! Blau schimmert das helle Mondlicht. Die Blätter der Palmen glänzen silbrig. Der Zitronenbaum wirft einen klar umrissenen Schatten auf die Terrasse. Beeindruckend. Ich kann die Hunde gut verstehen und würde jetzt am liebsten ein bisschen mit ihnen heulen.

5

Auf der Fähre, 18. Juni 2015

Es ist kalt auf der Fähre. Wir haben an alles gedacht, nur nicht daran, dass die Klimaanlage in der Kabine so überaus wirkungsvoll funktioniert – und sich nicht abschalten lässt. Pullover und Jacken aber sind im Auto auf dem Unterdeck, und das darf während der Überfahrt nicht betreten werden. Also sitzen wir auf den Betten in der Kabine, eingemummelt in warme Plumeaus und versuchen uns zu beschäftigen. Mein iPad habe ich mit Büchern, Filmen und Hörbüchern bestückt. Aber ich habe noch keine Lust, mich damit zu befassen. Durch das Fenster sehe ich in einen wolkenlosen Himmel. Das Meer glitzert in der Sonne. Hin und wieder bildet es kleine Schaumkronen. In den Ohren brummt die Klimaanlage. Einfach mal gar nichts zu tun, nur aus dem Fenster zu gucken, ist ganz entspannend. Leo vertreibt sich die Zeit mit Lesen und einem Nickerchen. Wieso können Männer eigentlich *immer* und *überall* schlafen?

Meine Gedanken gehen auf Wanderschaft, beschäftigen sich mit den zurückliegenden Jahren. Die waren wirtschaftlich nicht besonders gut für uns, dafür reich gefüllt mit einzigartigen Erfahrungen und Erkenntnissen.

Wir haben beeindruckende, sympathische, verrückte und schräge Menschen kennengelernt. Wir haben die Liebe von und zu Tieren erlebt. Wir haben gelernt, Prioritäten zu setzen, glücklich und zufrieden zu sein mit dem, was wir haben, und nicht immer mehr zu wollen. Aber wir haben auch schmerzlich begreifen müssen, wie schwer es sein kann, eine Fremdsprache zu lernen und wie essenziell gerade das Beherrschen der Landessprache ist, um sich wirklich zu Hause zu fühlen. Wir wissen jetzt aus eigener Erfahrung, wie wichtig für einen Ausländer Geduld und Toleranz der Einheimischen sind, wenn er, sei es auf Ämtern oder sonst wo, nicht immer die richtigen Worte findet.

Die Jahre haben uns geprägt. Ich frage mich, inwieweit das Leben im Ausland unser Leben in Deutschland beeinflussen wird. Werden wir langfristig etwas von den Erfahrungen und den Veränderungen, die sie in uns ausgelöst haben, beibehalten, oder werden wir sofort zurückfallen in die alten Strukturen?

Leo wird wach und hat Hunger. Ich auch. Wir essen einen Teil aus unserer Picknicktüte. Jetzt brauchen wir dringend Bewegung – und einen Kaffee. Rumhängen macht träge. Wir bummeln über das Schiff. Draußen auf dem Sonnendeck, neben einem kleinen Pool, ist das Animationsprogramm in vollem Gange. Ich sehe die gleichen Mitarbeiter, die auch schon die Autos eingewiesen haben oder an der Rezeption standen. Jetzt tragen sie Shorts und bunte Shirts und bespaßen die Reisenden mit einfachen Spielchen und lauter Discomusik. Einige beteiligen sich aktiv an ihrem Programm, andere liegen in Badekleidung in der Sonne oder genehmigen sich einen Drink an der Bar. Urlaubsstimmung.

Das Plärren der Lautsprecher hämmert in meinen Ohren. Wir verziehen uns durch die schwere Eisentür ins Innere. Jetzt wissen wir auch wieder ganz genau, warum wir keine Kandidaten für eine Kreuzfahrt sind.

An der Bartheke holen wir uns einen dünnen Kaffee im Pappbecher und einen klebrig-süßen Kuchen in Plastikfolie. Etwas anderes gibt es nicht. Aber wir fahren ja nicht zum ersten Mal mit einer Fähre zwischen den Kanaren hin und her und wissen deshalb ganz genau um die Qualität von Speis und Trank, die hier geboten wird. Deshalb haben wir uns diesmal auch – ganz im Gegensatz zu unseren sonstigen Gewohnheiten – mit reichlich Proviant für die Überfahrt eingedeckt.

Wir ziehen uns zurück in den Frieden unserer Kabine. Lesen, Filme ansehen, ausruhen.

In der Nacht werde ich wach. Die Fähre bewegt sich mit den Wellen, unruhiger, als ich es von so einem großen Kasten erwartet hätte. Ich höre das Brummen der Motoren und fühle in meinem Bett das Rollen des Schiffs. Den Gedanken an Übelkeit lasse ich nicht zu. Wieso muss ich gerade jetzt an den Film Titanic denken? Ich versuche, mich zu entspannen, konzentriere mich auf die bequeme Matratze und die kuschelige Wärme im Bett, bemühe mich, die Bewegungen des Kahns als Wiegen zu empfinden. Die Alternative wäre natürlich, mich zusammen mit Leonardo di Caprio an den Bug zu stellen und meine Gefühle in die einsame Nacht hinauszuschluchzen – von wegen Titanic und so ...

Draußen ist es stockfinster. Keine Sterne, kein Mondlicht, nichts. Plötzlich sehe ich ihn wieder vor mir, diesen berauschenden Nachthimmel von La Palma. Tiefschwarz, übersät mit Milliarden heller Punkte, Sternchen an Sternchen, ein dicht gewebter Teppich aus Sternen.

Wegen der klaren Luft steht auf La Palma das größte Observatorium Europas. Der Preis dafür sind allerdings strenge Auflagen. So darf künstliches Licht nur nach unten abstrahlen. Die Straßenbeleuchtung ist nicht weiß, sondern eher ein trübes Gelb. Diese Vorschriften garantieren einen wirklich dunklen Himmel, wie ihn die Sternforscher für ihre Beobachtungen brauchen.

In einer dieser Nächte standen wir auf der Terrasse und bestaunten den Vollmond. Vor mir saß Frida, der kleine weiße Westhighland-Terrier unserer Vermieter, die Hundedame mit den schwarzen Knopfaugen und der himbeerroten Zunge. Frida guckte damals aufmerksam in die gleiche Richtung wie ich. Irgendetwas Interessantes musste da doch sein. Aber was? Eine Bratwurst vielleicht? Ihr kleiner Kopf ging ständig hin her, denn sie begriff einfach nicht, was mich so fesselte. Irgendwann setzte sie sich neben mich und guckte einfach solidarisch mit mir in die Sterne. Zum Knutschen.

Frida war ein bisschen pummelig, und es wäre nicht allzu bösartig gewesen, sie als verfressen zu charakterisieren. Eine Verfressenheit, die allerdings auch mit einer gehörigen Portion Geschicklichkeit verbunden war. Ihre Technik, die reifen Avocados zu futtern, die zahlreich im Garten herumlagen, war jedenfalls beeindruckend. Gekonnt schälte sie die Frucht, knabberte ganz genussvoll das Fleisch vom Kern und leckte ihn zuletzt gründlich ab. Ein Überraschungsei für Hunde!

Sie war ständig in unserer Nähe. Wenn ich auf der Liege lag, lag sie darunter. Wenn wir kochten, breitete sie sich mitten in der Küche aus, und wir mussten über sie steigen oder um sie herum gehen. Angst, dass wir sie treten könnten, hatte sie nicht. Hauptsache dabei, Hauptsache mittendrin. Ein mutiger, treuer und anhänglicher Hund.

Ich vermisse sie immer noch, ebenso wie Pito, den schwarzen Mischlingshund, der uns adoptiert hatte, kaum, dass wir eingezogen waren.

Pito war etwas größer als Frida, hatte ein kurzes, dunkles Fell und ein erstaunlich ausdrucksvolles Gesicht mit rehbraunen Flecken über den Augen – ein Charmeur durch und durch! Jeden wickelte er mit seiner liebenswerten Art um den Finger. Sein besonderer Trick: Schnäuzchen auf das Knie legen und mit einem schmachtend-liebevollen Blick den Besitzer des Knies anhimmeln. So waren ausgiebige Streicheleinheiten geradezu gesichert.

Wie so viele Charmeure war Pito auch ein kleiner Angeber. Nie werde ich vergessen, wie er einen Hund aus der Nachbarschaft in unsere Wohnung brachte und ihm jeden einzelnen Raum zeigte: »Schau her, alles meins.« Demonstrativ setzte er sich neben Leo und ließ sich gnädig von ihm streicheln. Dabei sagte sein Blick: »Auch meiner.«

Von Frida hatte er gelernt, dass man Avocados fressen kann (obwohl Hunde Avocados eigentlich nicht fressen sollten, aber das hatte sich bis in Fridas Kreise nicht herumgesprochen). Nicht beigebracht hatte sie ihm allerdings die Technik, mit der man eine Avocado fachgerecht zerlegt. Er schluckte deshalb das, was ihm essbar erschien, in großen Stücken herunter und quittierte die Reise der Riesenhappen in Richtung Magen jeweils mit einem deutlich vernehmbaren Furz.

Ohne eine solche »Begleitmusik« verlief dagegen die tägliche »Raubtierfütterung«. Gegen Abend bekamen beide Hunde ein kleines Leckerli von uns. Wir stellten erstaunt fest, dass die beiden sich zu diesem überaus wichtigen Geschäftstermin mit einer unglaublichen Pünktlichkeit einfanden. Bis heute sind wir uns nicht ganz sicher, ob sie sich nicht heimlich einen Wecker gestellt hatten. Wie auch immer: Jeden Tag standen sie zuverlässig gegen sechs Uhr vor der Tür, um kurz darauf andächtig und mit spitzem Schnäuzchen winzige Käse- oder Wurststücke aus unseren Fingern zu zupfen. Zu unserer Unterhaltung – quasi als Gage für die Beköstigung – veranstalteten sie danach oft einen Showkampf. Solange wir zuguckten, gab es viel Radau um nichts. Sobald wir wegsahen, hörten sie mit dem Spektakel auf.

Dieses tägliche Zeremoniell hatte für uns nicht nur großen Unterhaltungswert, sondern auch einen ganz praktischen Nutzen: Wir konnten uns fest darauf verlassen, dass die Hunde abends vor Einbruch der Dunkelheit nach Hause zurückkehrten, sei es vom Besuch bei den Kumpels in der Nachbarschaft, sei es von dem Ort, dessen verführerische Düfte alle magisch anzog – die öffentlichen Mülltonnen. Deshalb war diese Routine für uns ungemein beruhigend, besonders im Sommer, als unsere Vermieter sich wochenlang in Deutschland aufhielten und wir komplett für Haus, Hof und Hunde verantwortlich waren.

In dieser Zeit durften sie oft auch nachts bei uns in der Wohnung schlafen. So schnarchten wir vier friedlich vor uns hin, bis Frida und Pito in aller Herrgottsfrühe fit wurden und hinaus wollten. Bei meinem leichten Schlaf hörte ich schon immer, wie die beiden leise ins Schlafzimmer getapst kamen und grinste dabei innerlich: Gleich würde Pito mich ganz vorsichtig mit seiner weichen, feuchten Nase am Oberarm oder in der Armbeuge anstupsen – eine überaus höfliche und zärtliche Aufforderung aufzustehen und ihn und Frida hinauszulassen.

Als wir nach einem Jahr La Palma verließen, um nach Lanzarote zu ziehen, waren uns die Zwei sehr ans Herz gewachsen. Mehr noch: Ich habe von diesen beiden tollen Hunden sehr viel gelernt. Seit ich denken kann, hatte ich Angst vor Hunden, und die haben sie mir gründlich genommen. Sie haben mich gelehrt, Tiere zu beobachten, auf ihre Bedürfnisse Rücksicht zu nehmen, leise und mehr mit Gesten als mit Worten zu ihnen zu sprechen, sie in Ruhe zu lassen, wenn sie Ruhe brauchen. Ich habe gelernt, dass Hunde – wie auch Katzen und viele andere Tiere – im Guten wie im Schlechten auf die Energie reagieren, die man selber ausstrahlt. Sie sind freundlich, wenn man freundlich zu ihnen ist und eigentlich immer bestrebt, brav zu sein und es einem recht zu machen. Sie haben ein riesengroßes Herz mit ganz viel Platz und Liebe für die unterschiedlichsten Menschen, und sie schenken einem ihre Loyalität und Zuneigung nahezu bedingungslos. Pito und Frida haben mir den Zugang zu Tieren geöffnet, und das macht mich sehr glücklich und dankbar.

Umso trauriger war der Abschied. Beim Packen stand

Frida in unserer Küche, unbeweglich wie ein Stofftier, und ließ buchstäblich den Kopf hängen. Unglaublich, wie viel Trauer so ein kleiner Hund ausstrahlen kann. Pito dagegen lief weg und ließ sich nicht mehr blicken, als er begriff, dass wir endgültig gehen würden. Mein Mann schluckte schwer, und ich musste weinen.

Auf der Fähre, 19. Juni 2015

Endlich sehe ich in blauen Himmel! Die Nacht ist geschafft. Als ich aufstehe, macht auch Leo die Augen auf. Nach einer Dusche in dem winzigen Bad fühlen wir uns heute morgen relativ ausgeruht. Die Fähre stampft nach wie vor schwer durch die Wellen.

Langsam erwacht das Schiff. Auf dem Weg zum Frühstück sehe ich, wie eine junge Frau sich mit zerknittertem Gesicht aus einem der Liegesessel, den *butacas*, schält. Wie einige andere hat sie die Nacht dort verbracht. Viele hatten es aber noch unkomfortabler, sie haben auf dem harten Fußboden geschlafen. Ein älterer Mann erhebt sich schwerfällig von den zu kurzen Bänken im Aufenthaltsraum. Ich sehe in unausgeschlafene Gesichter, und meine Mitreisenden tun mir richtig leid. Ich bin froh, dass wir eine Kabine buchen konnten.

Wir besorgen uns einen Kaffee und dazu ein Croissant aus der Plastiktüte. Eine fettige Angelegenheit, die mit dem echten französischen Gebäck so gut wie nichts zu tun hat. Außer dem Namen natürlich. Beim Verzehr dieser eigenwilligen Backware muss ich an meine eigenen ersten Backversuche auf La Palma denken.

Zusammen mit unserem gesamten Hausstand hatten wir in Deutschland auch unser Auto verkauft. Auf La Palma, der Wanderinsel im ewigen Frühling, würden wir sicherlich kein Auto mehr brauchen ... dachten wir. Selten haben wir dermaßen daneben gelegen!

Am Anfang fuhren wir mit dem Bus zum Einkaufen nach Los Llanos. Wenn wir Pech hatten, warteten wir auf dem Rückweg bis zu einer Stunde an der Haltestelle auf die nächste Verbindung. Die Fahrt selber dauerte nur wenige Minuten, dann aber kam der unangenehme Teil. Wir mussten die beiden proppenvollen Rucksäcke die steilen Straßen zu unserer Wohnung hoch tragen. Die ganze Aktion war furchtbar anstrengend und zeitintensiv. Genau genommen waren wir nur noch damit beschäftigt, Lebensmittel einen Berg hochzuschleppen, um den Kühlschrank zu füllen. Was lag näher, als Menge und Häufigkeit der Einkäufe zu reduzieren? Also machte ich mich ans Brotbacken.

Das erste selbst gebackene Brot meines Lebens sollte ein Kartoffelbrot werden. Der Teig klebte an meinen Händen bis hinauf zu den Ellbogen und zog sich beim Kneten endlos in die Länge. Ich kam mir vor wie in der Geschichte von Max und Moritz. In kürzester Zeit hatte ich die Küche in ein einziges Schlachtfeld verwandelt. Überall war Mehl, überall pappte Teig. Selbst die Hunde, die mir sonst gerne Gesellschaft leisteten, hatten gemerkt, dass hier etwas gründlich schief lief und sich sicherheitshalber verdrückt. Ich wusste nicht, ob ich lachen oder weinen sollte.

Endlich war der Teig zu einem Brotlaib geformt. Erwartungsvoll schob ich ihn in die Röhre, kniete mich vor den Ofen und verfolgte gespannt den Backprozess.

Die Sache fing gar nicht schlecht an: Das Brot ging wunderbar auf. Bevor ich vor Freude und Stolz ein Tänzchen hinlegen konnte, fiel es dann allerdings schon wieder in sich zusammen und wurde flach wie eine Flunder. Vielleicht hätte ich mich besser an das Originalrezept halten sollen? Zu meiner großen Überraschung schmeckte das fertige Brot dann doch ziemlich gut. Ich war überzeugt, der nächste Versuch mit dem richtigen Rezept und einer verbesserten Knettechnik würde besser gelingen.

Motiviert startete ich einen neuen Anlauf. Diesmal sollten es Rosinenbrötchen werden. Mangels frischer Hefe griff ich zu Trockenhefe aus der Tüte. Laut Rezept sollte der Teig sein Volumen vor dem Backen verdoppeln. Ich wartete und wartete, die Masse zeigte keinerlei Veränderung. Trotzdem formte ich kleine Kugeln, legte sie anmutig nebeneinander auf ein Backblech und schob sie in den heißen Ofen. Schon bald durchzog ein anheimelnder Geruch die Wohnung. Ich freute mich auf fluffige Brötchen. Nach Ablauf der Backzeit waren die kleinen Kugeln immer noch kleine Kugeln, dafür aber jetzt knüppelhart. Doch auch sie schmeckten erstaunlicherweise ganz gut.

Im Laufe der Zeit wurden meine Backwaren dann wirklich gut. Es machte mir Spaß verschiedene Brot-, Keks- und Kuchenrezepte auszuprobieren, hier und da die Zutaten zu verändern und immer wieder neue Überraschungen zu kreieren. Nicht nur mein Mann, sondern die ganze Nachbarschaft wurden zu begeisterten Testessern.

Die Überfahrt zieht sich. Immer noch trennen uns sieben Stunden vom Festland. Wir laufen ziellos über die Fähre. Auf dem Sonnendeck halten wir es nicht aus. Entweder ist es zu windig oder zu heiß. Außerdem läuft wieder das Animationsprogramm. Ein junges Mädchen im Bikini macht sehr begeistert mit. Sie war mir gestern schon aufgefallen. Für sie ist die Überfahrt ein richtiger kleiner Urlaub. Schön, wenn man sich so die Zeit vertreiben kann.

Wir schlendern weiter Richtung Oberdeck. Hier sind die Hunde der Passagiere in Käfigen untergebracht. So richtig glücklich sehen sie nicht aus. Nur zu festgesetzten Zeiten dürfen ihre Besitzer zu ihnen und mit ihnen eine Runde über das Deck laufen. Auch für die Tiere ist die Überfahrt sehr lang.

Es scheint, dass nicht nur Leo und ich uns wünschen, die Fährfahrt möge bald zu Ende gehen. Mittlerweile wandern so einige Leute ziellos durch das Schiff und am Ende, wie durch einen geheimen, unausgesprochenen Befehl, treffen wir uns alle vor der riesengroßen Panoramascheibe am Bug der Fähre.

»Schau mal, ist das da hinten eine Wolke oder tatsächlich Land?«, frage ich meinen Mann. Wir starren beide hinaus. Noch sehr schemenhaft zuerst, dann immer deutlicher taucht die Küste des Festlands vor uns auf. Und auch die ersten Möwen umkreisen jetzt das Schiff, immer auf der Suche nach einem Happen. Bald haben wir es geschafft. Endlich!

6

La Palma, im Februar 2009

Unser erster Sonntag auf der Insel. Wir sitzen in einem Café auf der *Plaza de España* in Los Llanos, der größten Stadt auf der Westseite. Mächtige Lorbeerbäume rahmen den Platz vor der Kirche ein. Wir essen leckere *Bocadillos*, trinken hervorragenden *Café con leche* und sind mit der Welt zufrieden. Die Spanierinnen um uns herum tragen schicke Winterpullis mit Rollkragen und kecke Stiefelchen. Wir staunen und halten das für eine Frage der Mode. Uns ist es selbst in unserer Sommergarderobe sehr warm. »Egal, wie das Klima auch ist, Frauen finden doch immer einen Grund, zwischen Sommer- und Wintergarderobe zu wechseln«, schmunzelt mein Mann. Ein paar Jahre später, vollkommen akklimatisiert und den nordischen Temperaturen entwöhnt, schmunzeln wir nicht mehr und werden uns ebenfalls ab neunzehn Grad einen wärmenden Pullover überziehen ...

In der Kirche nebenan wird ein Baby getauft. Eine Gruppe festlich gekleideter Kinder macht für den neuen Palmero Musik. Am Ende des kleinen Konzerts lassen sie unter großem Gejohle Luftballons zerplatzen.

Los Llanos gefällt uns. Nicht zu groß, nicht zu klein, eine friedliche und trotzdem sehr lebendige Stimmung. Es wäre schön, wenn wir hier eine Wohnung finden könnten. Im Vorfeld haben wir zwei Makler mit der Suche beauftragt. »Kein Problem, wir werden schon was Schönes finden«, meinten beide. Wir sind gespannt.

Am Nachmittag entdecken wir Puerto Tazacorte. Die kurvenreiche Straße von Los Llanos hinunter zum Meer führt an Bananenplantagen vorbei. Das erste Mal sehe ich eine Bananenblüte. Ich bin fasziniert von ihrer Größe und

Farbe.

Puerto Tazacorte liegt an einem schwarzen Strand unter hohen Felswänden. Davor stehen ein paar bunte Häuschen und die üblichen Restaurants für Touristen. Die Schwärze und die Steilheit bedrücken mich. Ich komme mir ein wenig eingeengt vor.

Es herrscht eine richtige Sonntags-Touristen-Stimmung. Aber es ist nett. Wir suchen uns einen Platz auf der Mauer mit Blick aufs Meer. Und natürlich mit Blick auf die vorbei flanierenden Leute. Sehr abwechslungsreich. Späthippies, TUI-Touristen, Einheimische und sogar ein Punk. Mal im Winteroutfit mit Stiefeln und mal mit kurzen Hosen und Sandalen. Alles friedlich neben- und miteinander.

Wir schlendern zum Hafen. Ein paar Angler sitzen am Kai. Hin und wieder läuft tuckernd ein Fischerboot ein. Der Wind riecht nach Meer und kitzelt unsere Magennerven. Hunger! Also zurück an die Strandpromenade mit ihren vielen kleinen Fischrestaurants. Wir bekommen köstlichen Fisch vorgesetzt, Riesenportionen, die wir gar nicht essen können. Dazu gibt es *Papas arrugadas con mojo*, Salz-Schrumpelkartoffeln mit grüner und roter Soße, eine Spezialität der Kanaren.

Am Nachbartisch lässt sich eine kleine Hippiegruppe mit Kind nieder. Die Erwachsenen sind ungefähr in meinem Alter, der blonde Junge nicht älter als sechs Jahre. Völlig mühelos wechselt er zwischen Spanisch und Deutsch, je nachdem mit welchem Erwachsenen er spricht. Ein Amerikaner gehört auch zu der Gesellschaft. Auch dessen Englisch versteht das Kind ohne Mühe. Ich bin schwer beeindruckt.

Langsam geht die Sonne unter. Immer mehr Hippies treffen sich auf der Promenade. Sie halten sich gerne in Tazacorte auf. Wahrscheinlich, weil dies der sonnenreichste und wärmste Platz der Insel ist. Irgendwann verschwindet eine kleine Gruppe Richtung Strand. Ich nehme schwer an, dass sie sich einen Joint reinziehen. So entspannt, wie sie zurückkommen, habe ich mit meiner Vermutung wohl nicht allzu falsch gelegen. Sie greifen zu Instrumenten und spielen. Dazu tanzt ein junges, schlankes Mädchen. An jeder Hand schwingt sie anmutig eine Kette mit einem Gefäß, in dem eine Flamme lodert. Schön anzusehen und angenehm anzuhören.

Über uns spannt sich ein wundervoller Sternenhimmel. Wir gehen noch ein bisschen am Meer entlang. Ich kann immer noch nicht fassen, dass ich hier nicht im Urlaub bin, sondern hier *lebe*. Wow!

7

Huelva, 19./20. Juni 2015

Es ist bereits acht Uhr abends, als wir mit zwei Stunden Verspätung in den Hafen von Huelva einlaufen. Jetzt noch kurz das Anlegemanöver hinter uns bringen und dann ab in die Stadt. Kann ja nicht so lange dauern, denken wir. Aber weit gefehlt: Zusammen mit hunderten Passagieren warten wir ungeduldig im Foyer der Fähre, in engen Gängen und auf steilen Treppen darauf, auf das Autodeck gelassen zu werden. Nur die Hunde sind vergnügt, denn sie können jetzt wieder mit ihren Besitzern zusammen sein, genießen Extrastreicheleinheiten und natürlich das eine oder andere Leckerli.

Nach über einer Stunde ist es endlich so weit: Wir können die Fähre verlassen und das Festland betreten. Geschichtsträchtiger Boden, denn immerhin machte sich Christoph Kolumbus von hier aus auf den Weg, um Amerika zu entdecken. Das heißt, eigentlich hatte er ja den Seeweg nach Indien entdecken wollen. Kleiner Irrtum, kann passieren, wer von uns hat sich nicht schon mal verfahren ...

Der Hafen liegt in einem Industriegebiet. Eine Raffinerie reiht sich an die andere. Trostlos! Einige Autos werden vom Zoll aus der Schlange gefischt. Die Kanaren gehören zwar zu Europa, nehmen aber wirtschaftlich eine Sonderstellung ein. Da einerseits der Transport von Produkten auf die Inseln relativ viel Geld kostet, andererseits die Waren nicht zu teuer werden sollen, gilt auf den Kanaren nicht die spanische Mehrwertsteuer, sondern die sogenannte IGIC (Impuesto General Indirecto Canario), eine deutlich niedrigere Inselsteuer. Im- und Export sind deshalb zollpflichtig. Wir haben zwar nichts zu verzollen, sind aber trotzdem froh, dass wir nicht herausgewunken werden. Wir sind geschafft und möchten endlich im Hotel einchecken.

Unser neues Navi bringt uns zielsicher zum *Hotel Monte Conquero*, gleich am Rand der Altstadt. Die Garageneinfahrt ist selbst für kleine Autos wie unseres extrem eng und verwinkelt. Und entschieden zu eng für größere Modelle, wie der Farbabrieb an den Wänden beweist.

Uns erwartet ein sauberes, relativ ruhiges Zimmer auf der sechsten Etage. Wir stellen das Gepäck ab und ziehen gleich wieder los. Ein paar Schritte vom Hotel entfernt finden wir die ersten Restaurants, Tische und Stühle stehen einladend auf dem Bürgersteig. Alle Lokale sind gut besucht, überall huschen Kellner mit Tabletts voller Köstlichkeiten hin und her. Es wird geplaudert, gegessen, getrunken und gelacht.

Vor dem dritten Restaurant suchen wir uns einen freien Tisch. Langsam wird es dunkel. Wir bestellen diverse Tapas und zwei große kühle Biere. Nach den ersten Schlucken fühlen wir uns langsam wieder fit. Ich sitze gern mitten in dieser lebendigen Umgebung und weiß gar nicht, wo ich zuerst hingucken soll. Mich umgibt das pralle Leben. Nicht so prickelnd ist die Bettelei an den Tischen. Obwohl es andererseits auch wieder ganz interessant ist, die verschiedenen Systeme der Leute zu beobachten.

Eine Frau stellt ohne ein Wort zu sagen kleine bunte Schalen auf die Tische. Ihre Bitte um eine Spende von fünfzig Cent hat sie mit krakeliger Schrift mitten auf die Tellerchen geschrieben. Als sie alle verteilt hat, beginnt sie wieder am Anfang, geht von Tisch zu Tisch und sammelt, immer noch stumm, die meist leer gebliebenen Spendenaufrufe wieder ein. Kurze Zeit später streift eine alte zahnlose Lady im sommerlichen, langen Kleid durch die Restaurants und spricht die Gäste an. Im Vorbeigehen weht mir ihr Schweißgeruch entgegen. Auch sie will natürlich Geld. Kaum ist sie weg, erklingt ganz in der Nähe eine Geige. Aha, gleich wird es also ein kleines Konzert geben und danach der Hut für die Musikergage herumgehen.

Eigentlich ist das Betteln in Spanien verpönt. Aber in den letzten Jahren der Finanz- und Wirtschaftskrise konnte man, vor allem auf den Kanaren, eine deutliche Verarmung der Bevölkerung erleben. Die Arbeitslosigkeit ist extrem hoch, die Sozialleistungen recht dürftig, und nicht selten leben ganze Familien von der Rente der Großeltern und von Sachspenden aus der weit verzweigten Verwandtschaft. Die Armut hat hier ein Ausmaß angenommen, wie man es sich in Deutschland kaum vorstellen kann und in den abgeschotteten Hotelanlagen auf den Sonnenseiten der Inseln natürlich auch nicht zu sehen bekommt. Gemessen daran haben wir bei unseren – seltenen – Deutschlandbesuchen die wirtschaftlichen Klagen von Verwandten und Bekannten als Jammern auf ziemlich hohem Niveau empfunden. Man darf nicht vergessen: Auf den Kanaren wird ganz erheblich weniger verdient als in Deutschland, die Kosten für die Lebenshaltung aber unterscheiden sich nicht so wesentlich. Da nützt auch der wirtschaftliche Sonderstatus nichts.

Die Tapas waren köstlich. Wir zahlen und schlendern durch Huelva. Es ist immer noch sehr warm. Wir kommen an die *Plaza de las Monjas*. Ein sehr hübscher, von Palmen gesäumter Platz. In der Mitte ein Springbrunnen dessen Wasserfontänen mit wechselnden Farben beleuchtet werden. Früher diente die Plaza als Gemüsegarten einer großflächigen Klosteranlage, die einem Erdbeben zum Opfer fiel. In den darauffolgenden Jahren wurde sie als Austragungsort für traditionelle Stierkämpfe genutzt.

Wir lassen uns weiter durch die Straßen treiben. Mein

Blick bleibt immer wieder an einer der hübschen alten Fassaden mit den schmiedeeisernen Balkonen hängen. Wunderschön ist auch die *Plaza de la Palmeria*, die schon von den Römern als Versammlungsort genutzt wurde und auf der lustigerweise keine einzige Palme steht. Stattdessen säumen zahlreiche Restaurants und Bars den Platz.

Halb Huelva scheint auf den Beinen zu sein, vom Baby bis zur Oma. Aber unsere Beine werden langsam schwerer. Wir sind müde und gehen zurück ins Hotel. Kurze Zeit später begleiten mich die entfernten Geräusche der Stadt in den Schlaf.

Am nächsten Morgen genieße ich sehr die heiße Dusche mit dem kräftigen Strahl. Auf den Kanaren habe ich gelernt, den Wert des Wassers zu schätzen. Es ist sehr kostbar auf den Inseln, entsprechend sparsam muss man damit umgehen. Getrunken haben wir das Wasser aus den Leitungen nie. Wenn man einmal die offenen Wasserreservoirs mit den Schwärmen an Larven auf der Oberfläche gesehen hat, dann mag man das nicht wirklich trinken. Und auch das entsalzte Meerwasser, das auf Lanzarote durch die maroden Leitungen läuft, ist nicht gerade der Bringer. Unseren Bedarf haben wir deshalb mit den üblichen Fünfliter-Wasserkanistern gedeckt.

Zum Duschen wurde das Leitungswasser in Warmwasserbereitern erhitzt, oft kleine Boiler, die schnell leer waren. Zwei Personen duschen plus Haare waschen, das konnte eng werden. Es ist schon ein unheimlicher Luxus, wenn zu jeder Tages- und Nachtzeit heißes und kaltes Wasser in feinster Qualität einfach so aus der Leitung läuft.

Ich bin froh um diese Erfahrungen, denn so bekommen die selbstverständlichen Dinge wieder den Wert, den sie in Wirklichkeit auch haben. Erst in der Entbehrung und Verknappung habe ich gemerkt, welch ein luxuriöser

Genuss es ist, den Tag unter einem kräftigen, warmen Wasserstrahl beginnen zu können.

Um halb neun verlassen wir das Hotel. Die Stadt erwacht gerade erst zum Leben. Die Atmosphäre ist ganz anders als gestern Abend, aber nicht weniger schön. Die meisten Cafés sind noch geschlossen, aber eine kleine *Panaderia* hat geöffnet. Dort können wir frühstücken. Das Croissant ist frisch, der Kaffee sehr gut, was will man mehr! Und auch für Unterhaltung ist gesorgt. An den Nachbartischen reden die Spanier angeregt über die Banalitäten des Alltags. Es sind Arbeiter darunter, die ihre erste Pause machen, und auch Bewohner aus der Umgebung, denn im Süden Spaniens wird oft nicht zuhause gefrühstückt, sondern man trifft sich in der Panaderia um die Ecke und tauscht sich mit den anderen über all die Dinge aus, die seit dem letzten Frühstück so passiert sind ...

Beim Zusammenstellen der Reiseroute habe ich für jeden Ort, in dem wir auf unserer Reise nach Deutschland übernachten werden, ein paar »Highlights« herausgesucht. Hier in Huelva soll die Kathedrale besonders sehenswert sein. Wir gehen auf die Suche. Als wir nicht mehr weiterwissen, beschließen wir jemanden zu fragen. Wir haben uns in Spanien angewöhnt, uns nicht nach Karten zu orientieren, sondern uns immer durchzufragen. Warum? Weil es Spaß macht! Und warum macht es Spaß? Weil die Spanier wahnsinnig freundlich und hilfsbereit sind! Wir haben es in den ganzen Jahren nie erlebt, dass ein Ladenbesitzer oder Angestellter nicht mit vor die Tür gekommen oder ein Taxifahrer nicht ausgestiegen wäre, um uns ganz genau den Weg zu erklären. Selbst wenn das Ziel eigentlich schon in Sichtweite war, wurde diese Mühe nie gescheut!

Ich frage also eine ältere Dame nach dem Weg. Auf ihren Rat hin sehen wir uns im Vorbeigehen noch eine andere Kirche von innen an. Den Namen habe ich vergessen. Sie ist prächtig ausstaffiert und steht offensichtlich ganz unter dem Zeichen der Jungfrau Maria, wie viele Kirchen in Spanien.

Wir gehen weiter. Irgendwann erscheint vor uns die *Catedral de la Merced*. Ich hatte sie mir viel größer vorgestellt. Zu unserem Leidwesen sind die Türen alle verschlossen. Wir müssen uns mit dem Anblick von außen begnügen.

Es ist inzwischen elf Uhr und wieder sehr warm. Gegen die Hitze sind in den Gassen durchlässige Stoffbahnen als Sonnensegel zwischen den Dächern gespannt. Sie tauchen die Stadt in ein weiches Licht. Trotzdem wird das Laufen anstrengend. Wir beschließen, uns von Huelva zu verabschieden. Zurück im Hotel, holen wir das Gepäck aus dem Zimmer, checken aus und beladen das Auto. Unter dem Scheibenwischer klemmt ein Zettel: Das Hotel bedankt sich noch einmal für unseren Besuch, wünscht uns eine gute Fahrt und hat »sich erlaubt, zwecks besserer Sicht die Windschutzscheibe zu putzen«. Was für ein aufmerksamer, netter Service! Wir drehen die Klimaanlage an, aktivieren das Navi und schrauben uns durch die engen Kurven der Tiefgarage ins Tageslicht. Das nächste Ziel wartet: Sevilla!

8

La Palma, 21. Februar 2009

Wie alle Kanaren ist auch La Palma eine Vulkaninsel, und die Vulkane hier sind noch nicht besonders alt. Jederzeit kann es passieren, dass sie wieder ausbrechen. Der jüngste Vulkan, der *Teneguia*, bildete sich erst im Jahr 1971, als der Vulkan *San Antonio* sich an mehreren Stellen öffnete und Steinmassen und Asche herausschleuderte. Glühende Lavaströme flossen langsam ins Meer. Da die Eruption sich lange vorher durch Erdbeben angekündigt hatte, gab es genügend Zeit, gefährdete Anwohner vorsichtshalber zu evakuieren. So kam niemand zu Schaden.

Die Vulkanausbrüche haben eine einzigartige Landschaft geformt. In den Reiseführern wird sie als extrem karg und schroff beschrieben, und das wollen wir uns heute mal ansehen.

Schon die Straße zur Südspitze, Richtung Fuencaliente/ Los Canarios, ist ein absoluter Genuss. Die Gegend entlang der Küste erinnert uns mit ihren duftenden Kiefernwäldern an Südfrankreich oder Griechenland. Sehr schön, sehr kurvenreich, sehr beeindruckend. Links von mir wachsen die *Pinos canarios* den Hang hoch, rechts von mir fällt der Berg steil ab zum Atlantik. Die Aussicht ist phänomenal. Am Ende erwartet uns ein bezaubernder kleiner Ort mit einer großen Weinkellerei. Bis zu den Vulkanen ist es jetzt nicht mehr weit.

Das Auto stellen wir unterhalb des San Antonio ab. Von hier aus geht es zu Fuß den Berg hoch bis zur Spitze. Der schmale Schotterweg auf dem Grat des Kraters ist abenteuerlich. Gut, dass wir unsere Wanderschuhe angezogen haben. Auf der einen Seite schauen wir tief in den Krater, auf der anderen sehen wir weit unten am leuchtend blauen Meer die hellen Plastikabdeckungen der Bananenplantagen. Dazu zerrt ein kalter Wind an den Haaren und pfeift durch meinen grob gestrickten Pullover. Wieder einmal bin ich zu kalt angezogen. Ich habe noch nicht gelernt, das Klima hier richtig einzuschätzen. Am Meer ist es sommerlich warm, aber hier, auf rund sechshundertfünfzig Meter Höhe, braucht man trotz des kräftigen Sonnenscheins nicht nur einen Pullover, sondern auch eine Jacke.

Wir laufen bis zum Aussichtspunkt, einer kleinen Plattform mit Mauer und Hinweistafel. Das ist alles. Dafür ist der Blick über das Meer, die Nachbarinseln und auf den etwas tiefer liegenden Teneguia grandios.

Auf dem Rückweg zum Parkplatz sagt Leo: »Das war ja insgesamt ganz beeindruckend, aber wir sollten noch ein bisschen mehr laufen, findest du nicht? Sieh' mal, da vorne gibt es einen Weg nach unten zu den Leuchttürmen. Was meinst du, könnte doch ganz spannend sein.«

»Gute Idee«, sage ich. Nach den ersten Schritten finde ich den Vorschlag nicht mehr ganz so gut. Es geht steil bergab und der Leuchtturm scheint weit entfernt.

Die Landschaft ist schwarz und karg. Lavagestein. Hin und wieder sehen wir ein paar Pflanzen, wiedererwachtes Leben aus der Steinwüste. Am Fuß des nächsten Vulkans, dem Teneguia, muss ich erst einmal stehen bleiben, verschnaufen, Wasser trinken. Meine Kondition ist schlechter, als ich dachte. Leo ist etwas fitter.

Völlig verschwitzt kommen wir endlich unten an. Meinen eben noch zu luftigen Pullover trage ich schon längst um den Bauch gebunden. An den Rückweg darf ich jetzt nicht denken. Wir suchen uns einen Platz auf einer Mauer, essen von unserem Proviant, den wir klugerweise mitgenommen haben, und werden dabei ganz ruhig. Zufrieden gucken wir auf den Atlantik, der in der Sonne glänzt wie schon seit ewigen Zeiten. Langsam melden sich die Lebensgeister zurück. Trotzdem grault es mir vor dem Aufstieg, und ich würde am liebsten hier sitzen bleiben.

Irgendwann raffen wir uns auf und machen uns auf den Weg zurück. Die Sonne britzelt auf der Haut. Nach kurzer Zeit habe ich schon wieder Durst. Ich komme mir vor, als durchquerte ich eine Wüste. Der Weg zieht sich, immer wieder müssen wir stehen bleiben und kurz ausruhen. Es ist so steil und so warm.

Zu meiner totalen Verblüffung höre ich plötzlich eiliges Schlurfen hinter mir. Ein Paar mittleren Alters mit Wanderstöcken zieht federnden Schrittes an uns vorbei. So geht das also auch. Interessant! Da werden wir ja wohl noch ordentlich an Kondition zulegen müssen.

Als wir endlich müde, aber glücklich unser Auto erreicht haben, sehe ich die beiden noch locker über den Grat des Teneguías tänzeln. Das heißt, sie, die Superfrau, tänzelt locker. Er ist inzwischen ein bisschen angeschlagen und bleibt öfter mal stehen. Trotzdem: alle Achtung.

La Palma, 23. Februar 2009

»Wir brauchen nur ein paar weiße Klamotten und Strohhüte«, sage ich zu Leo. »Lass uns schnell noch etwas Passendes besorgen.«

Es ist Rosenmontag. Wir wollen unbedingt den berühmten weißen Karneval am *Día de Los Indianos* in Santa Cruz ansehen. Historischer Hintergrund ist die Rückkehr der in Südamerika zu Wohlstand gekommenen Palmeros. Ausgewandert aus der Armut der Kanarischen Inseln, protzten sie bei ihrer Heimkehr nach La Palma mit ihrem neu erworbenem Vermögen, trugen ausschließlich strahlend weiße Kleidung und rauchten demonstrativ dicke Havannas.

Ich erwerbe für ein paar Euro einen Strohhut und einen weißen Rock. Zusammen mit einem weißen T-Shirt und den weißen Leggings aus meinem Kleiderschrank wird das Outfit dann schon hinhauen. Mein Mann trägt seine hellste Hose und ein weißes Hemd. Den Strohhut verweigert er.

Am späteren Nachmittag fahren wir gespannt in die Inselhauptstadt. Santa Cruz ist eine wirklich schöne Stadt mit prächtigen, holzgeschnitzten Balkonen. Viele kleine Plätze laden mit ihren gemütlichen Restaurants zum Verweilen ein. Durch die schmalen Gassen der Altstadt erhascht man immer wieder einen Blick auf das Meer.

Heute ist die Stadt richtig voll. Auch von den umliegenden Kanareninseln sind viele Leute hierher gekommen. Wir schieben uns zusammen mit den anderen weiß gekleideten Gestalten durch die Gassen. Die Männer tragen Strohhüte, manche Stoffpapageien auf der Schulter oder kleine alte Koffer in der einen Hand, dicke Zigarren in der anderen. Die Frauen stecken in Kleidern aus weißer Spitze und halten passende Sonnenschirme über den Kopf. Die Luft ist geschwängert von Babypuder, mit dem hier alles und jeder ständig bestäubt wird. Es dauert nicht lange, und wir bekommen auch eine ordentliche Portion über den Kopf geschüttet. Nach und nach wird die ganze Stadt weiß. Selbst die Babys im Kinderwagen – alles weiß, weiß, weiß. Und über dem ganzen Spektakel liegen die heißen Klänge kubanischer Musik.

Wir setzen uns auf die Ufermauer und warten auf den »Zug«. Immer wieder rieselt eine Ladung Babypuder auf uns nieder, sonst passiert nichts. Nach einer Weile verlassen wir unseren Platz und gehen zur Parallelstraße. Hier ist es eng und laut. Wir stellen uns auf einen winzigen Freiraum auf der Treppe. Dicht gedrängt tanzen die Menschen vor uns durch die Straße, dazwischen immer wieder Musikanten, deren rhythmisches Trommeln ich im ganzen Körper spüre.

Irgendwann begreifen wir es endlich: Es gibt keinen

organisierten Karnevalsumzug. Wir alle, die wir hier herumlaufen, herumstehen und tanzen, sind dieser Zug. Ein fröhliches Happening mit fast neunzigtausend Teilnehmern!

Normalerweise lösen so dicht gedrängte Menschenmengen Platzangst in mir aus. Aber hier? Keine Spur. Alle sind fröhlich, alle sind friedlich, alles sieht chaotisch aus und läuft doch ganz geordnet ab. Betrunkene sehen wir nicht, dafür aber bei aller Bedrängnis viel Rücksichtnahme: Jemand muss sich den Schuh zubinden, sofort bildet sich um ihn herum ein Kreis von Leuten, damit niemand stolpert und Chaos ausbricht. Einfach so, ohne Absprachen, ohne Ordner mit Uniform und Trillerpfeife.

Der Karneval auf den Kanaren ist nicht zu vergleichen mit dem, was wir aus Deutschland kennen. Es ist hier nicht das ausgelassene Schunkeln und »Bützchen« verteilen, wie im Rheinland. Es wird auch nicht hemmungslos gesoffen. Es gibt einen Umzug mit prachtvollen Wagen und ausgesucht hübschen Mädchen in wunderschönen, aufwendigen Kostümen. *Murgas* (Gesangsgruppen) und *Comparsas* (Tanzgruppen) begleiten die Wagen zu Fuß. Und nicht zu vergessen die Trommler, die mit südamerikanischen Rhythmen ordentlich das Blut in Wallung bringen. Es glitzert und funkelt, eine einzige Farbenpracht in der Sonne.

Besonders gut gefällt uns der Umzug der Kindergärten und Schulen in Los Llanos. Niedliche, hübsche Kinder aller Altersstufen in fantasievollen Kostümen. Ein kleiner, pummeliger Maikäfer im Kinderwagen, schillernde Schmetterlinge, die über die Straße tanzen. Natürlich gibt es Prinzessinnen – welches kleine Mädchen möchte nicht ein Mal im Leben Prinzessin sein! – und kleine Piraten, die stolz ihren Degen zücken. Schon bald sind die Formationen ein bisschen aufgedröselt. Aber das macht nichts, das sieht man hier nicht so eng. Disziplin ist nicht so wichtig. Hauptsache es geht allen gut. Und das scheint so zu sein.

Auf der *Plaza España* erleben wir dann wieder eine Musikgruppe mit Trommeln und anderen Schlaginstrumenten. Mich begeistert dieser südamerikanische Rhythmus. Er geht direkt in die Beine, ich kann einfach nicht stillstehen. Der kleinen »Carmen« vor mir geht es genauso. Selbstvergessen dreht sie sich in ihrem rot-weiß getupften Kleid zur Musik. Ich schätze sie auf eineinhalb Jahre. Die Haare wachsen noch ein wenig spärlich, dafür hängen große Kreolen an ihren Ohren. Die Füße stecken in goldenen Pumps mit winzigen Absätzen. Sie ist zum Klauen niedlich.

9

Von Huelva nach Sevilla, 20./21. Juni 2015

Gegen Mittag erreichen wir Sevilla, Hauptstadt der Autonomen Region Andalusien und viertgrößte Stadt Spaniens. Für diese Nacht haben wir ein traditionelles andalusisches Hotel gebucht, das *Doña Blanca* am Rand der Altstadt, gegenüber der Kirche *Santa Catalina* aus dem 14. Jahrhundert. Als wir das angenehm klimatisierte Auto verlassen, haut es uns beinahe um: Das Thermometer am Straßenrand zeigt achtunddreißig Grad.

Leo wuchtet das Gepäck aus dem Panda. Jetzt macht es sich bezahlt, dass er noch auf Teneriffa genau ausgetüftelt hat, wie das Auto mit einem Minimum an Zeit und Aufwand be- und entladen werden kann. Nur ein paar Minuten später stehen die Koffer in der Lobby und Leo fährt den Wagen ins nahe gelegene Parkhaus.

Wir bringen unsere Siebensachen mit dem Fahrstuhl auf die erste Etage. Der Flur ist kühl. Das einfallende Tageslicht wird durch die bunten Glasscheiben gefiltert. Von hier oben sieht man hinunter in einen halbdunklen Patio. Auf dem schwarz-weiß gefliesten Boden stehen ein paar Korbsessel und Pflanzen. An einer Wand lehnt ein gut bestücktes Bücherregal, daneben plätschert ein Brunnen. Alles zusammen strahlt Ruhe und Frieden aus.

Die Tür zu unserem Zimmer steht offen, das Zimmermädchen ist mit dem Reinigen noch nicht fertig. Wir stellen die Koffer hinein und sehen uns um. Der Raum ist einfach und zweckmäßig möbliert: rechts und links ein Bett, dazwischen ein Nachttisch, gegenüber ein Schrank, alles typisch für diese Gegend aus dunklem Holz gefertigt. Durch ein hohes Fenster kann ich auf die schmale Straße sehen. Das Badezimmer ist schlicht und sauber. Soweit alles in Ordnung, nur eines gefällt mir nicht: Die Betten stehen auseinander. Auch nach so vielen gemeinsamen Jahren habe ich noch das Bedürfnis, in den Armen meines Mannes einzuschlafen.

Wir plaudern ein wenig mit dem blonden Zimmermädchen. Wie sich herausstellt, kommt sie ursprünglich aus Russland. Sie erzählt uns von ihrer Familie. Als wir sie bei einer passenden Gelegenheit auf die Betten ansprechen, versteht sie sofort und verschwindet mit einem breiten Grinsen und vielen »sí, sí, sí«. Schon bald kommt sie mit einer Kollegin zurück und ruckzuck machen die beiden aus dem Doppelzimmer ein *matrimonio*, ein Zimmer für Ehepaare, indem sie die beiden Einzelbetten zusammenschieben. Über die Ritze legen sie eine dicke Decke. Jetzt ist es richtig gemütlich.

Eigentlich würden wir beide jetzt gerne im Zimmer bleiben und die Mittagshitze abwarten. Aber leider funktioniert meine innere Uhr pünktlich wie immer. Um diese Zeit habe ich zuverlässig Hunger und Durst. Mein Mann kennt das schon, verliert nicht viele Worte und greift nach der Sonnenbrille.

Ganz in der Nähe finden wir ein einfaches Restaurant. Draußen sitzen mögen wir bei der Hitze nicht. Nach sieben Jahren auf den Kanaren ist das Bedürfnis nicht mehr so groß, bei jeder Gelegenheit im Freien sitzen zu wollen, um »Sonne zu tanken«. Unser Sonnentank ist sehr gut gefüllt und wir haben inzwischen – genau wie die Spanier – die kühlen Innenräume schätzen gelernt. Auf Lanzarote habe ich mich noch darüber gewundert, dass die Einheimischen nicht auf sonnendurchfluteten Terrassen sitzen, sondern sich lieber im Schatten aufhalten, und zwar witzigerweise meistens in der Garage. Heute verstehe ich das. Gut, vielleicht müsste es nicht gerade die Garage sein, aber die Vorliebe für kühlere Orte kann ich inzwischen nachvollziehen. Die Balkone und Terrassen werden in erster

Linie für die sonnenhungrigen Touristen gebaut.

Der Imbiss ist nicht besonders gut, aber der Hunger ist weg. Nach dem obligatorischen Cortado schleppen wir uns zurück ins Hotel. Die Stadtbesichtigung muss noch etwas warten. Es ist einfach zu warm.

Gegen sechs Uhr wagen wir uns hinaus in die Hitze. Bis zur Kathedrale sollen es etwa zwanzig Minuten Fußweg sein. Inzwischen zeigen die grünen Leuchtziffern des Temperaturanzeigers vierzig Grad an. Aber die Luft ist trocken und es weht ein leichter Wind. Trotzdem bewegen wir uns im Zickzack von einer schattigen Stelle zur nächsten.

Sevilla begeistert mich auf Anhieb. Die Altstadt ist relativ weitläufig und durchgehend schön. Bunte Farben leuchten in der flirrenden Sonne. Auch hier sind, wie in Huelva, Sonnensegel zwischen den Häusern gespannt und sorgen für kühlenden Schatten. Wir streifen durch schmale Gassen mit wundervollen Fassaden. Zum Teil sind sie aufwendig geschmückt mit *Azulejos*, den berühmten handbemalten Fliesen Andalusiens. Aus den reich verzierten Balkongittern wuchern üppig grüne Pflanzen. Jedes Haus ist anders, jedes hat seinen eigenen Charme.

Beeindruckend ist die *Plaza de la Encarnación*. Seit 2011 überspannt hier eine sandfarbene Holzkonstruktion den Platz, das *Metropol Parasol* (Parasol heißt Sonnenschirm). Sechs pilzähnliche Gebilde, deren geschwungene Dächer miteinander verbunden sind, spenden Schatten. Unter dem futuristisch anmutenden Bauwerk befinden sich Läden, Bars, Restaurants und ein archäologisches Museum. Vom begehbaren Dach kann man angeblich über die Stadt sehen. Wir haben es nicht ausprobiert. Zu heiß!

Sevilla ist eine Stadt mit vielen Kirchen. Wir entdecken ein prachtvolles großes Gebäude, das wir im ersten

Moment für die Kathedrale halten. Die mächtigen Türen stehen weit offen. Wir steigen die wenigen Stufen zum Eingang hoch und werfen einen Blick hinein. Gerade findet eine Trauung statt.

Unauffällig suchen wir uns einen Platz abseits der Hochzeitsgesellschaft. Ich sehe mich neugierig in dem reich ausgestatteten Gotteshaus um. Die Braut vor dem opulenten Altar sieht aus wie eine Prinzessin: schwarze Haare, duftiger Schleier und eine lange Schleppe am kostbaren Kleid. Aber auch ihr Mann kann sich sehen lassen. Ein Paar wie aus dem Märchenbuch. Die Kleidung der Hochzeitsgäste ist nicht nur geschmackvoll, sondern auch teuer. Mehrere Fotografen in perfekt sitzenden dunklen Anzügen huschen lautlos durch die Gänge und frieren die Momente des Glücks für die Ewigkeit ein. Ein Streichquartett, welches in einem Erker rechts von mir sitzt, untermalt das Ritual mit klassischer Musik. Offensichtlich findet hier eine Trauung in der »besseren Gesellschaft« statt.

Eine Weile sehen und hören wir zu. Von der Ansprache des Priesters an das junge Paar verstehe ich nicht alles, aber das macht nichts. Auf jeden Fall ist die Zeremonie sehr feierlich. Wir warten noch den Ringwechsel und das Eheversprechen ab. In Gedanken wünsche ich den beiden eine gute gemeinsame Zukunft. Dann verlassen wir die kühle Kirche und treten zurück in die gleißende Sonne.

Ein paar Minuten später taucht sie dann wirklich vor uns auf: die Kathedrale *Santa María de la Sede*. 1401 bis 1519 errichtet, ist sie nicht nur die größte gotische, sondern auch die drittgrößte Kirche der Welt und mit ihrem Glockenturm, der *Giralda*, eines der Wahrzeichen Spaniens. Mächtig und eindrucksvoll beherrscht das Bauwerk die *Plaza del Triunfo*, in deren Mitte das Denkmal der *Unbefleckten Empfängnis* des Bildhauers Lorenzo Coullaut Valera steht. Rund um den Platz stehen

Kutschen mit Pferden hintereinander und warten in der Sonne auf Touristen. Die armen Tiere leiden unübersehbar unter der Hitze. Gierig säuft ein Pferd in einem Zug einen randvoll mit Wasser gefüllten Eimer leer.

Wir sehen uns die Kathedrale nur von außen an und lassen uns weiter durch die Gassen treiben. Trotz der Hitze bewegen sich etliche Touristen aus aller Welt durch die Stadt. Auffallend viele Japaner kommen uns entgegen, wie immer in Gruppen. Mit allen möglichen Gegenständen in der Hand wedeln sie sich Luft zu.

Auch wir finden es nicht so einfach, bei diesen Temperaturen Sevilla zu besichtigen. Schon bald quält uns der Durst. In einer der vielen Bars am Straßenrand trinken wir ein kühles Bier, verschnaufen ein wenig und sehen dem Treiben auf der Straße zu. Dann geht es weiter. Trotz Hitze wollen wir mehr von dieser umwerfenden Stadt entdecken.

Irgendwann stehen wir vor dem Stadtpalast, der *Casa de Pilatos* (das Haus des Pilatus), in dem römische Antiquitäten und Gemälde untergebracht sind. Aber auch hier begnügen wir uns mit der beeindruckenden Außenansicht. Wir durchqueren einen wundervollen Park, dann kommen wir auf einen großzügig angelegten Platz. Jung und Alt treffen sich hier. Der sprudelnde Brunnen in der Mitte gibt uns zumindest optisch die Illusion von Kühle und Frische.

Je später es wird, desto mehr füllen sich die Straßen und Plätze mit Menschen. Langsam ist unsere Aufnahmekapazität erschöpft. Wir gehen zurück zum Hotel.

Vor dem Abendessen möchten wir uns noch ein bisschen ausruhen. Es ist unerträglich warm im Zimmer. Wir stellen die Klimaanlage auf die höchste Stufe. Das ist nicht gerade leise. Aber müde wie wir sind, schlafen wir ungeachtet des Lärms für eine Weile tief und fest.

Gegen acht machen wir uns wieder auf den Weg. Es ist immer noch fast so heiß wie am Nachmittag. Trotz der Ruhepause schmerzen uns vom Laufen die Gelenke und Muskeln. Viel Gehen ist nicht mehr drin. Eigentlich schade. Sevilla ist sicher auch in der Dunkelheit sehens- und erlebenswert. Aber es wird einfach zu viel. Wir überlegen eine Kleinigkeit zu essen, möglichst in der Nähe, und dann zurück ins Hotel zu gehen. Ausruhen ist angesagt. Leider.

Schon bald tauchen die ersten Restaurants am Straßenrand auf. Wir zögern nicht lange, setzen uns an einen kleinen runden Tisch und bestellen sofort ein Bier. Bei diesem Wetter sind wir ständig durstig. Der Kellner legt die Speisekarten vor uns auf den Tisch. Als ich danach greife, fasse ich in öliges Fett und mir kommen die ersten Zweifel an der spontanen Wahl unseres Restaurants.

Das Angebot an Speisen liest sich auch nicht verlockend. Wir sind uns sofort einig, hier besser nichts zu bestellen. Wir trinken aus, verlassen unter den bösen Blicken des Kellners das Lokal und gehen weiter. Alle Restaurants, die etwas zu taugen scheinen, sind überfüllt. Wir sind zu müde, eine Gaststätte zu suchen, in dem es noch freie Plätze gibt. Am Ende landen wir bei McDonald's. Das erste Mal seit wer weiß wie vielen Jahren! Es ist ein Déjà-vu-Erlebnis: Die Fritten sind zu salzig, der Burger matschig, das Getränk reinstes Zuckerwasser. Wie auch immer: Der Hunger treibt's rein.

Die Nacht im Zimmer ist unruhig. Von draußen kommen nur Hitze und Lärm hinein. Also schließen wir das Fenster. Mehr schlecht als recht schlafen wir unter dem Geratter der Klimaanlage.

Am nächsten Morgen frühstücken wir in einem kleinen Café ganz in der Nähe. Es ist erst halb neun, aber schon unangenehm warm. Auch für heute sind Temperaturen über vierzig Grad angekündigt. Trotzdem wollen wir Sevilla nicht verlassen, ohne wenigstens noch die berühmte *Plaza de España* gesehen zu haben. Um halb zehn machen wir uns auf den Weg und laufen etwa eine halbe Stunde durch unbekannte Gassen Richtung Plaza. Wieder nehmen wir nur schöne Eindrücke in uns auf. Enge Gassen, kleine Plätze, hinter jeder Ecke ein neuer, überraschender Ausblick. Zuletzt durchqueren wir den Park *Maria Luisa* und dann sind wir da, an der Plaza de España. Der Anblick verschlägt mir den Atem.

Ein halbrunder Platz mit einem Durchmesser von zweihundert Metern liegt vor uns. Wie ich gelesen habe, soll er eine Umarmung der südamerikanischen Kolonien durch Spanien symbolisieren. Um den Platz verläuft ein Kanal. Darüber spannen sich vier Brücken, die für die vier alten Königreiche Spaniens stehen. Der Halbkreis öffnet sich in Richtung Fluss. Auch dies eine Parabel: Es ist das Sinnbild für den Weg über das Wasser, den man gehen muss, um nach Amerika zu kommen.

Den Rand des Halbkreises begrenzt ein imposantes Gebäude aus rotem Ziegel mit einem Säulengang, davor mit *Azulejos* gekachelte, nebeneinander angeordnete Nischen, in denen historische Ereignisse und Wahrzeichen der spanischen Provinzen gezeigt werden. Mosaike bilden die Wappen der Hauptstädte jeder Provinz, Landkarten und historische Begebenheiten. Ich bin schwer beeindruckt. Leo erzählt mir, dass ein Teil des Heldenepos *Star Wars* auf der Plaza de España gedreht worden ist – außer mir stolzierte also auch schon Königin Amidala hier herum!

Mein Mann will noch ein paar Fotos machen. Ich ziehe dagegen ein schattiges, ruhiges Plätzchen mit Blick auf den Springbrunnen vor. Hier lasse ich alle Eindrücke noch einmal auf mich wirken. Ich bin müde aber glücklich. Es ist einfach wunderschön, dieser Ausflug hat sich gelohnt.

Auf dem Rückweg zum Hotel verlaufen wir uns. Es ist inzwischen halb zwölf. Um zwölf müssen und wollen wir das Zimmer verlassen. Außerdem sind wir geschafft von der Hitze. Irgendwann halten wir ein Taxi an. Wie sich herausstellt, sind wir bereits ganz in der Nähe des Hotels. Nach fünf Minuten setzt uns der Taxifahrer vor dem Doña Blanca ab. Auch wenn er sich nicht über diese ultrakurze Fahrt beklagt, so haben wir doch ein schlechtes Gewissen und geben ihm ein gutes Trinkgeld.

10

La Palma, März 2009

Unsere Lehrerin Teresa hetzt uns durch die spanische Sprache, dass uns der Kopf raucht. Sie ist schätzungsweise in den Vierzigern und kommt ursprünglich aus Peru. Ihr Unterricht findet in einem Hof unter freiem Himmel statt, in dessen Mitte ein großer Baum Schatten spendet.

Wir sitzen kaum auf den wackeligen Stühlen, als sie auch schon zu unterrichten beginnt. Ohne Pause reiht sie einen spanischen Satz an den nächsten. Wir hocken da, leicht paralysiert und versuchen dem Tempo standzuhalten. Kleine Versuche, mal ein Witzchen zur Auflockerung einzuflechten, prallen gnadenlos an ihr ab. Sie ist hoch konzentriert und erwartet von uns das Gleiche. Ich verstehe so gut wie nichts. Das kann ja heiter werden.

Am Ende der vereinbarten Zeit von eineinhalb Stunden Einzelunterricht sind wir ganz schön erschöpft. Wir legen das Geld für den Unterricht auf den Tisch, verabschieden uns gekonnt mit »hasta la próxima vez« und gehen dann erst einmal einen Kaffee trinken. Durchschnaufen und die Eindrücke sacken lassen. Ob wir bei dieser Unterrichtsmethode wirklich etwas lernen werden? Leo ist davon überzeugt, ich noch nicht so ganz. Noch bilde ich mir ein, eine Sprache am ehesten lernen zu können, wenn sie mir spielerisch vermittelt wird. Pustekuchen.

Ich weiß, wie wichtig es ist, die Landessprache gut zu beherrschen. Dringend und am liebsten sofort möchte ich Spanisch sprechen und verstehen können. Aber ich behalte die Vokabeln einfach nicht. Liegt‘s am Alter oder fehlt mir einfach nur die Begabung? Ein Sprachgenie war ich nie. Auch früher in der Schule nicht. Ich habe immer wieder eigene Wörter erfunden, in der festen Überzeugung, dass es sie gibt. Oder doch wenigstens geben sollte. Natürlich hat sie keiner verstanden. Das hat mich damals ziemlich entmutigt. Regelmäßig bekam ich schlechte Noten. Mein Bruder versuchte, mir mithilfe eines speziellen pädagogischen Verfahrens die englischen Vokabeln einzuhämmern: Süßes für richtige Antworten, Kopfnüsse für falsche. Muss ich erwähnen, dass ich nicht viele Bonbons bekommen habe? War also auch nicht sehr erfolgreich. Aber jetzt bin ich hoch motiviert. Wenn ich im Ausland leben will, muss ich mich auch in der Landessprache verständigen können.

Vielleicht lässt sich der Lernprozess durch Fernsehen und Lesen beschleunigen? In unserer Wohnung haben wir Satellitenempfang. Abends schalten wir auf spanische und südamerikanische Sender. Am Anfang brach lediglich ein verwirrender Wortschwall über mich herein. Nach und nach beginnen die Wörter, sich zu trennen. Klitzekleine Fortschritte sind fühlbar.

Genau wie Leo bemühe ich mich, spanische Zeitungen zu lesen. Die geschriebene Sprache verstehe ich leichter als die gesprochene. Das hat auch mit den Kanaren zu tun, denn der Dialekt, der hier gesprochen wird, modifiziert das Kastellan, das man üblicherweise lernt, doch erheblich. Selbst viele Spanier, die im Sommer Urlaub auf den Inseln machen, verstehen diese Sprachvariante nicht. Das tröstet mich zwar, aber nur ein bisschen.

Die größte Herausforderung ist das Telefonieren. Ich mache einen großen Bogen darum, drücke am liebsten meinem Mann das Telefon in die Hand. Wenn es unvermeidbar ist, presse ich den Hörer fest gegen mein Ohr – als könnte ich dadurch besser verstehen – und bin nach kürzester Zeit schweißgebadet. Stress pur.

Ich habe mir das Lernen der Sprache nicht so schwierig vorgestellt, dachte, wenn ich mich im Land aufhalte, nähme ich sozusagen »nebenbei« die Landessprache auf.

Das war ein großer Irrtum. Mehr als ein elendes Gestammel bekomme ich nicht zusammen. Ich sehe kein Weiterkommen. Mir geht alles viel zu langsam, und was mich am meisten ärgert, ist meine Unfähigkeit, das rollende »R« zu sprechen. Meine Zunge flattert nicht am Gaumen, sondern klebt an den Zähnen. Leo rollt mir demonstrativ ein »rrrrrrr« nach dem anderen vor. Ich übe und übe aber es will nicht gelingen. Sprachfehler!

Leo schätzt das alles komplett anders ein. Er hält uns für recht begabt und sieht große Fortschritte. Das kann ich beim besten Willen nicht nachvollziehen. Solange ich die Menschen auf der Straße auch nicht annähernd verstehe und selber nicht in der Lage bin, auch nur einen geraden Satz herauszubringen, kann ich nicht von Fortschritten sprechen. Teresa meint, es sei alles schon in unseren Köpfen, es müsse nur noch hinaus. Na dann!

La Palma, März/April 2009

Es hilft nichts: Wir brauchen ein Auto! La Palma ist zu steil, die Busse sind zu schlecht getaktet, außerhalb der Ortschaften gibt es an den Straßen keine Bürgersteige, sondern lediglich eine durchgezogene weiße Linie und dahinter oft nur wenige Zentimeter Platz zum Laufen. Hinzu kommen die vielen Kurven und reichlich Verkehr: Pkws, dicke Laster, Busse. Eine »Wanderinsel« – nur abseits der Wanderwege leider nichts für Fußgänger.

Der Gebrauchtwagenmarkt funktioniert hier auf eine ganz eigene, unkomplizierte Art: Man stellt sein Auto gut sichtbar an die Straße, hängt ein Schild »se vende« plus Telefonnummer hinein und wartet auf einen Anruf. Das ist alles.

Auf einem Block haben wir einige Nummern notiert, die wir abtelefonieren wollen, um Einzelheiten über die angebotenen Fahrzeuge zu erfahren. Das ist natürlich –

bei unseren noch rudimentären Sprachkenntnissen – eine Hemmschwelle. Aber es gibt hier keinen üppigen Gebrauchtwagenmarkt, wie wir ihn aus Deutschland kennen. Das Angebot ist knapp und entsprechend teuer. Leo übernimmt die Telefonate und vereinbart die erste Probefahrt.

An der Tankstelle in El Paso erwartet uns Juan, ein untersetzter Mittvierziger. Zuerst zeigt er uns einen weinroten Peugeot mit synthetisch glitzernden dunkelblauen Sitzen – potthässlich! Am Rückspiegel hängt ein Duftbäumchen. Das lässt tief blicken. Zweitausend Euro solle das gute Stück kosten, sagt Juan. Er hat noch zwei weitere Wagen im Angebot, genauso versifft, genauso hässlich. Der eine hat ein zerbrochenes Armaturenbrett, soll aber noch stolze fünfzehnhundert Euro kosten.

Gut, mangels anderer Angebote zuckeln wir mit beiden Autos ein kleines Stück die Straße hoch. Beide Karossen sind irgendwie eklig. Vom Anfassen des Lenkrads müffeln unsere Hände eigentümlich – wahrscheinlich der Angstschweiß von Generationen. Wir bedanken uns höflich und wissen eines ganz sicher: diese Autos – nein danke!

Unsere Suche nach einem fahrbaren Untersatz führt uns im blitzsauberen, angenehm klimatisierten Linienbus nach Los Llanos, um uns dort einen Autohandel namens *Todos coche* anzusehen. Über das Angebot sind wir durch eine große, vielversprechende Anzeige in der *Ocasión* gestolpert, einem Anzeigenblatt in deutscher und spanischer Sprache, das kostenlos verteilt wird. Von der Bushaltestelle aus gehen wir noch ein ordentliches Stück zu Fuß durch Straßen, in denen wir noch nie waren und in die wahrscheinlich auch nur selten ein Ausländer kommt. Endlich sehen wir das Firmenschild. Aber es steht an einem Schrottplatz. Das kann doch nicht sein. Haben wir die Anzeige falsch verstanden? Aber nein, in einigen Wagen hängen Preisschilder! Nicht für das Blech, sondern für das komplette Auto. Das sind tatsächlich Gebrauchtwagen, die zum Kauf angeboten sind. Und die alten Karossen sind ganz schön teuer. Ich kann es gar nicht glauben, wer zahlt denn so viel Geld für ein Schrottauto? Also, hier werden wir auch nicht fündig. So langsam sind wir ziemlich frustriert, denn wir hatten uns die Angelegenheit deutlich unkomplizierter vorgestellt.

Wir sitzen an der Haltestelle und warten, wie so oft, ungeduldig auf den Bus. Leos Frust hat sich in Übellaunigkeit verwandelt. Ich schweige vor mich hin. Im Dunkeln kraxeln wir den Berg zu unserer Wohnung hoch. Inzwischen ist es acht Uhr und wir haben die meiste Zeit des Tages mit dem Warten an Bushaltestellen und unsinnigen Ausflügen verbracht.

Endlich: vierundzwanzig Grad, blauer Himmel, Sonne und Wind. So muss das Wetter auf den Kanaren sein, genau so haben wir uns das im grauen Winter in Deutschland vorgestellt. Heute ist der perfekte Tag, um zu Fuß nach El Paso zu gehen und die Scheckkarte für unser nagelneues, spanisches Konto bei der Bank abzuholen und damit die Voraussetzung für den Kauf eines Autos zu schaffen.

Um in Spanien einigermaßen geschäftsfähig zu sein, benötigt man eine *NIE-Nummer* (Número de Identidad de Extranjero). Sie dient zur Identifizierung von Ausländern und ist Bedingung zur Eröffnung eines Kontos bei einer spanischen Bank. Außerdem kann man mit der NIE-Nummer verbilligt Fähren und Flugzeuge von und zu den Kanaren benutzen. Schon Anfang März hatten wir dieses wichtige Dokument in der Polizeistation von Santa Cruz beantragt und am selben Tag erhalten.

Der »Banker unseres Vertrauens« hat Schweizer Wurzeln und spricht sehr gut deutsch. Bald haben wir alles geregelt. Als wir uns verabschieden, frage ich ihn, ob er nicht zufällig jemanden kenne, der ein kleines günstiges

Auto zu verkaufen habe. Und zu meiner großen Überraschung greift er zum Telefonhörer, fragt »hattest du nicht einen kleinen Fiat für zweitausend Euro?«, legt auf und sagt zu uns: »Mein Vater hätte ein Auto für Sie.« Wir sind sprachlos.

Ein paar Tage später stehen wir in Los Llanos vor der Wohnungstür des Vaters. Eine Klingel gibt es nicht. Mitten auf der Tür hängt ein bunter Specht aus Holz. Mein Mann grinst mich an, so was gefällt ihm. Er greift zum Schnabel des Vogels und klopft beherzt gegen die Tür. Ein älterer Herr im T-Shirt öffnet. »Das Auto steht vor der Tür«, sagt er, steckt den Hausschlüssel in die Hosentasche und geht vor uns die Treppe hinunter auf die Straße.

Auf den ersten Blick macht der kleine weiße Flitzer einen guten Eindruck, auf den zweiten bin ich schon weniger begeistert. Statt eines Airbags gibt es auf der Beifahrerseite lediglich eine geräumige Ablage. Spontan fällt mir der Begriff »Todessitz« ein.

Bei der Probefahrt bekomme ich den Wagen nur schwer durch die Kurve gesteuert. Die Lenkung ist wirklich erstaunlich schwergängig für ein so kleines Auto. Offensichtlich fehlt eine Servolenkung. Das ist nicht gerade perfekt, aber der Wunsch nach einem fahrbaren Untersatz ist so dringend und das bisher gesehene Angebot an Gebrauchtwagen dermaßen schlecht, dass wir trotzdem beschließen, den kleinen Fiat zu kaufen. Morgen soll der Handel über die Bühne gehen.

Die Entscheidung lässt uns keine Ruhe. Längst haben wir uns von dem netten Herrn verabschiedet, aber es treibt uns zurück zum Wagen. Wieder und wieder schleichen wir um das Gefährt herum. Aber richtige Freude auf das Auto stellt sich nicht ein. Irgendwann sagt Leo, dass er kein gutes Gefühl habe und ihn irgendetwas an dem Wagen störe. Er wisse nur nicht genau, was. Mir geht es genauso. Unser Bauchgefühl sagt deutlich »nein«. Wir blasen den

Kauftermin ab und suchen notgedrungen weiter.

Eine neue Besichtigung steht an. Erwartungsvoll sind wir um zwölf Uhr am vereinbarten Treffpunkt. Señora Hernández spricht ein sehr gutes Deutsch, weil sie, wie sie uns erzählt, fünfzehn Jahre in Berlin gelebt und gearbeitet hat. Sie macht einen netten und vertrauenswürdigen Eindruck. Aber das Auto, das sie uns für zweieinhalbtausend Euro anbietet ... ach du liebes bisschen! Sieben Jahre alt, hunderfünfzigtausend Kilometer als Leihwagen gelaufen, heftig nach kaltem Zigarettenqualm stinkend, klappernd, verbeult – überzeugend ist das nicht gerade!

Wegen des lauten Gescheppers, das sich interessanterweise vorwiegend in unebenen Rechtskurven einstellt, macht uns Señora Hernández das Angebot, mit ihr in ihre Werkstatt zu fahren und nach der Ursache sehen zu lassen. Das machen wir. Das Auto wird aufgebockt, abgeschmiert, Reifendruck geprüft – der Mechaniker kommt zu dem Ergebnis: Der Auspuff ist schuld. Señora Hernández bietet uns an, das in Ordnung bringen zu lassen. Wir schlagen vor, den Wagen jetzt erst mal zum Probefahren für vier Tage, quasi als günstigen Leihwagen, mitzunehmen und etwas ausführlicher zu testen. Señora Hernández ist kooperativ.

Für die nächsten Tage haben wir also endlich ein Auto und genießen die wiedererlangte Beweglichkeit. Ein Ausflug nach Tazacorte, an den sonnigen Strand, ist angesagt. Laut klappernd – denn es gibt viele unebene Rechtskurven auf dieser Insel! – bewegen wir uns Richtung Meer. Das Auto stinkt. Ich kurbele die Fenster bis zum Anschlag herunter, damit mir nicht noch schlecht wird. Aber egal, wir fahren wann, wie und wohin wir wollen! Im Ort kaufen wir uns ein Eis am Stil, schlendern ein bisschen auf der Promenade, gucken verzückt aufs

Meer und sind mit dem Tag voll und ganz zufrieden.

Das Auto lebt und hat anscheinend seine Launen! Morgens funktioniert die Zentralverriegelung ein einziges Mal ohne Probleme, dann reagiert sie den ganzen Tag nicht mehr. Neue Klappergeräusche sind zu den alten dazugekommen. Wir werden vom Kauf wohl Abstand nehmen. Trotzdem überwiegt die Freude, einfach mal wieder mobil zu sein.

Ohne Probleme erledigen wir unsere Einkäufe. Am Supermarkt kleben wir einen »Auto-Gesuch-Zettel« mit Telefonnummern zum Abreißen ans Schwarze Brett, wie man es hier eigentlich an allen Läden findet. Jetzt heißt es hoffen und warten, dass das Telefon bald nicht mehr stillstehen möge.

Der Wagen von Señora Hernández verblüfft uns mit immer neuen Geräuschen. Seine Einzelteile sprechen mit uns. Jetzt ist es die Lenkung, die uns mit leisem Quietschen etwas erzählt. Aufgrund unserer noch lückenhaften Sprachkenntnisse verstehen wir aber nicht genau *was*. Noch vier Tage wird uns das Auto zur Verfügung stehen, vier Tage, die wir für Ausflüge nutzen, heute zum Strand von El Remo.

Der Mief im Wagen ist wirklich unerträglich, zumindest für jemanden wie mich, der auf unangenehme Gerüche empfindlich reagiert. Wir öffnen alle Fenster so weit, wie es geht. Mit dem Geruch ist es jetzt besser, dafür bekomme ich Kopfschmerzen vom starken Fahrtwind. Aber irgendwann ist die Tour geschafft, wir sind am Meer. Ich genieße es. Auf den schwarzen Steinen sitzen, Sonne auf der Haut, Blick auf den Atlantik, Ruhe, Frieden, Glück. Ich weiß wieder, warum ich auf der Insel bin und die Kopfschmerzen sind bald vergessen.

Wie vereinbart bringen wir die sprechende Klapperkiste nach vier Tagen zurück zur Señora. Netterweise fährt sie uns mit ihrem Privatwagen nach Hause. Blau glänzende

Fußmatten und wild gemusterte Sitzüberzüge schreien uns entgegen. Letztendlich ist ihr eigenes Auto in keinem besseren Zustand als das, das sie uns zum Kauf angeboten hat. Sie hat also durchaus nicht versucht, uns zu beschummeln, sondern uns tatsächlich ein – in ihren Augen zumindest – prima Auto angeboten. Nun gut, für uns jedenfalls geht die Suche weiter.

Dem nächsten Termin sehen wir schon weniger euphorisch entgegen. Eine Autovermietung in La Laguna bietet turnusmäßig ihre ausrangierten Wagen zum Kauf an. Der Besitzer des Unternehmens stammt aus Deutschland. Am Telefon hatte er uns versichert, dass seine Autos regelmäßig gewartet und die Verschleißteile natürlich ausgetauscht würden. Das hört sich gut an.

Der sieben Jahre alte Citroen Saxo, den wir uns ansehen und Probe fahren, macht keinen schlechten Eindruck. Er hat ein paar Kratzer und Dellen, klar, und die Nutzung als Leihwagen ist ihm natürlich durchaus anzumerken, alles in allem aber sieht er gepflegt und gut gewartet aus. Er stinkt nicht und irgendwelche ungewöhnlichen Geräusche sind auch nicht zu hören.

Die Probefahrt führt zu den Vulkanen nach Fuencaliente. Nach langer Zeit sitze ich mal wieder am Steuer. Etwas ungewohnt. Die Straßen sind eng und kurvenreich. Der Wagen ist noch mit der guten alten Schaltung ausgestattet. Ich bin beim Wechseln der Gänge etwas aus der Übung, denn unsere beiden Autos in Deutschland hatten Automatikgetriebe. Und der Sitz irritiert mich. Ein bisschen wabbelig und instabil flappt es in meinem Rücken hin und her. Aber es geht.

Zweitausendachthundert Euro soll das Auto kosten. Eigentlich finde ich hier auf der Insel alle Gebrauchtwagen zu teuer. Aber man sagt, dass die Autos aufgrund des milden Klimas sehr lange halten. Zwanzig Jahre seien keine Seltenheit. Und, was hilft‘s, wir müssen uns nach den Gegebenheiten hier richten, egal, was wir davon halten. Wir einigen uns auf zweitausensechshundert Euro – wegen der Kratzer und so.

Am nächsten Tag, um zwölf Uhr mittags, übernehmen wir unser neues Luxusgefährt, zunächst mit provisorischen Papieren. Die Originale können wir in ein paar Tagen abholen. Der Wagen war inzwischen beim TÜV, der hier *ITV* heißt, und ist jetzt für die nächsten zwei Jahre einsatzbereit. Wir sind glücklich. Zur Feier des Tages gönnen wir uns den Besuch eines ausgezeichneten Fischrestaurants am Meer. Mehr als vier Jahre später wird sich herausstellen, wie gut der Kauf dieses kleinen, verbeulten Autochens wirklich war: Wir werden den Saxo fast zum Kaufpreis wieder verkaufen können, um ihn gegen ein neueres Auto einzutauschen – vier Jahre Autofahren zum Nulltarif (von den laufenden Betriebskosten abgesehen, natürlich). Not bad!

Nach einem wirklich guten Essen fahren wir stolz nach Hause. Frida und Pito nehmen das neue Gefährt genau unter die Lupe, beschnüffeln alles und befinden unseren Kauf am Ende als gelungen. Mehr noch: Pito wird es sich von nun an nicht mehr nehmen lassen, uns an der Einfahrt des Grundstücks abzufangen, durch die geöffnete Beifahrertür zuerst auf meinen Schoß und anschließend mit elegantem Schwung zwischen den Sitzen hindurch auf die Rücksitzbank zu springen, um sich dann gemütlich sitzend in das Polster zu fläzen und sich die restlichen hundert Meter bis zum Parkplatz kutschieren zu lassen.

»Sieh' ihn Dir an, den Herrn Generaldirektor«, brummte Leo beim ersten Mal und grinste über das ganze Gesicht. »Fehlt nur noch, dass er jetzt auch noch 'ne Zigarre will.«

Eine Sache stört mich aber noch: die Aufkleber auf der Heckklappe. Nicht nur die Mietwagenfirma, sondern auch eine Autowerkstatt hat sich mit ihrem blauen Schriftzug prominent verewigt. Ich hasse Aufkleber! Und diese hier sind besonders fest mit dem Lack verbunden. Das alles weg zu bekommen ist Knibbelarbeit vom Feinsten. Irgendwann nehme ich eine Rasierklinge zu Hilfe – noch ein paar Kratzer im Lack. Aber das ist ja das Schöne an so einem alten Auto: Es hat ohnehin schon jede Menge Blessuren, da kommt es auf ein paar mehr nicht an.

Um das Glück komplett zu machen, kaufen wir noch einen silbernen Sonnenschutz, den wir beim Parken in die Frontscheibe klemmen können. Schön hässlich, mit einem Känguru drauf, aber ein nützliches und sogar notwendiges Zubehör. Schließlich ist die Sonne auf den Kanaren dermaßen intensiv, dass sie im Laufe der Zeit den Kunststoff von Armaturenbrettern und Lenkrädern aufweicht. Und beherztes Lenken mit einem wabbeligen Lenkrad ist nicht so unser Ding.

Ein paar Tage später holen wir die Originalpapiere für unser neues, altes Auto bei der Autovermietung ab. Jetzt gehört es endgültig uns. Auf der einen Seite ist das toll, andererseits sind wir dadurch auch schon wieder ein bisschen weniger frei, könnten nicht mehr, wenn wir wollten, morgen einfach woanders hingehen. Eigentlich wollte ich mir meine »Koffer+Rucksack+Laptop-Freiheit« bewahren. Wenn wir jetzt weg wollten, müssten wir erst das Auto wieder verkaufen. Aber erstens möchten wir ja noch nicht wieder weg und zweitens bekommen wir den Wagen sicher wieder verkauft, wenn es mal so weit sein sollte.

11

Von Sevilla nach Cáceres, 21./22. Juni 2015

Cáceres heißt das nächste Ziel. Damit verlassen wir Andalusien und kommen nach Extremadura, eine weitere der insgesamt siebzehn autonomen spanischen Regionen. Knapp zweihundersiebzig Kilometer liegen vor uns. Die Gegend, die wir durchfahren, ist dünn besiedelt, die Autobahn fast leer. An einer der wenigen Autobahnraststätten machen wir Halt. Wir freuen uns auf ein leckeres Bocadillo und einen Kaffee.

Die Raststätte ist, gemessen am Verkehr, erstaunlich voll. Leo hält nach einem freien Tisch Ausschau, während ich mich um das Essen kümmere. Hinter einer langen, glänzenden Theke stehen die Bedienungen im klassischen schwarz-weißen Kellneroutfit mit großer Schürze um den Bauch. Einer von ihnen drückt mir eine Speisekarte in die Hand, und ich bin guten Mutes. Macht doch alles einen recht gepflegten und einladenden Eindruck. Meine Wahl fällt auf ein Bocadillo mit Ziegenkäse und eins mit Serrano Schinken. Dazu zwei Tassen guten spanischen Kaffees.

Erst nach längeren Verhandlungen gesteht man mir für den Transport der gefüllten Teller und Tassen ein Tablett zu. Offensichtlich wird erwartet, dass ich so oft hin und her laufe, bis ich alle Teile an unserem Tisch habe. Ohne Tablett. Ich gebe zu, ich bin irritiert. Und mein Blick auf die fertigen Brote macht mir auch nicht allzu viel Hoffnung.

Leo hat inzwischen vor dem Restaurant einen Platz für uns gefunden. Ich balanciere dieses viel zu kleine, rutschige Tablett in meiner Hand an den Tischen vorbei durch die Tür nach draußen. Ein bisschen Kaffee ist übergeschwappt, aber endlich sitze ich. Hungrig beißen wir in unsere Bocadillos und sind erst enttäuscht und dann verärgert. Eigentlich ist das, was auf unseren Tellern liegt, eine Unverschämtheit: Ein Stück trockenes Stangenweißbrot belegt mit ekelhaft scharfem Käse beziehungsweise viel zu dick geschnittenem, halb vertrockneten Schinken. Wir können es kaum glauben. Das soll ein Bocadillo sein? Keine Butter, kein Salatblatt, geschweige denn eine Tomate haben sich auf das Brot verirrt. Kurz gesagt: eine ziemliche Frechheit und das für immerhin dreizehn Euro. Wer bislang das Angebot in deutschen Autobahngaststätten für den gastronomischen Tiefpunkt hielt, dem sei eine Autobahnrast in Extremadura dringend empfohlen.

Am frühen Nachmittag erreichen wir Cáceres. Es ist Sonntag und die kleine Stadt wirkt wie ausgestorben. Wir haben ein Zimmer im *Gran Hotel Don Manuel* gebucht. Wie sich herausstellt, ist es ein schönes, modernes Viersternehotel. Das Zimmer ist ruhig, die Betten komfortabel, das Bad ansprechend, und die Klimaanlage arbeitet dezent.

Am späten Nachmittag laufen wir die paar Minuten bis zur *Plaza Mayor*. Das große Thermometer draußen vor der Apotheke zeigt achtunddreißig Grad an. Ein paar Cafés liegen um die etwas ärmlich wirkende Plaza. Nur wenige Menschen sind da. Bei einem kühlen Bier sehen wir uns um: welch ein Kontrast zu Sevilla! An den Häusern blättert der Putz ab. Es gibt keine Blumen, keine Bäume, keine Farben. Alles macht auf uns einen langweiligen, fast toten Eindruck. Wir sitzen einfach da, gucken und warten, dass es abkühlt. Ein kleiner Junge jagt mit nicht nachlassender Begeisterung hinter Tauben her, ein Mädchen beschäftigt sich mit einem Kreiselspiel, hin und wieder schlendern ein paar Leute vorbei.

Gegen acht Uhr raffen wir uns auf. Cáceres soll einen

komplett erhaltenen mittelalterlichen Stadtkern haben. Weltkulturerbe. Und das sehen wir uns jetzt an.

Von der Plaza führt eine Treppe nach oben. Wir steigen sie hinauf und sind verblüfft. Plötzlich stehen wir buchstäblich im Mittelalter – es ist wie ein Zeitsprung. Irgendwie erwarte ich, dass hinter der nächsten Ecke ein Ritter hoch zu Ross auftaucht. Vielleicht Don Quijote, der Ritter von der traurigen Gestalt, mit seinem dicken Knappen Sancho Panza?

Wir bummeln durch die Gassen. Von hier oben blickt man weit über das ebene Land. Dieser historische Stadtkern ist imposant, zu Recht ein Weltkulturerbe. Wer sich für die mittelalterliche Geschichte interessiert, kommt hier auf seine Kosten.

Auf uns wirkt Cáceres insgesamt abweisend und wenig lebensfroh. Vielleicht liegt es am Sonntag, vielleicht wäre an einem normalen Wochentag der Eindruck ein anderer, vielleicht sind wir aber auch von den letzten Jahren mit »Sol y Playa« etwas zu verwöhnt. Wir haben keine große Lust, eine Gaststätte zum Abendessen zu suchen. Stattdessen gehen wir lieber zurück ins Hotel und essen dort im Restaurant. Die Tische sind edel gedeckt, alles wirkt einladend und ansprechend. Aber auch hier ist nichts los, wir sind die einzigen Gäste. Trotzdem werden wir hervorragend bekocht und bedient.

Es ist fast Mitternacht, als ich nach einem köstlichen Menü völlig geschafft ins Bett falle. Aber statt selig zu schlummern, tut mir der Bauch weh. Ich habe viel zu spät viel zu viel gegessen. Hilft nichts, da muss ich jetzt durch.

12

La Palma, Juli 2009

Es ist unerträglich heiß. Die Hunde liegen apathisch in der Wohnung, die Katzen verkriechen sich auf schattigen Plätzen im Garten. Und wir Menschen schwitzen und trinken und hoffen auf ein Ende der Hitze. Die Tagestemperaturen bewegen sich inzwischen um die fünfundvierzig Grad, selbst nachts ist es unerträglich heiß. Die Luftfeuchtigkeit liegt unter fünf Prozent, ist nicht mehr messbar.

Seit neun Tagen wütet ein Calima. Die Luft ist voller Staub. Berge und Meer verschwinden im Dunst und alles – drinnen und draußen – ist von feinem, ockergelben Wüstensand bedeckt. *El polvo en suspención*, wie der Spanier sagt. Afrika ist eben gar nicht so weit entfernt.

Wir wohnen auf einer Höhe von fast sechshundert Metern. Bis zum Juni habe ich auf das berühmte kanarische Wetter, den »ewigen Frühling«, gewartet. Die Entscheidung für die Kanarischen Inseln hatte schließlich auch mit dem Klima zu tun. Ich freute mich auf eine gleichmäßige Witterung, auf Wärme für meine angegriffenen Gelenke, wollte mit blauem Himmel aufstehen und mit klarem Himmel schlafen gehen. Stattdessen hatten wir monatelang Temperaturen um die fünfzehn Grad, grauen Himmel und immer wieder Nieselregen. Noch im März gab es Schnee auf den Höhenlagen in der Cumbre. Irgendwann habe ich mir wieder Winterpullover und dicke Socken gekauft.

Wenn morgens die Sonne herauskam, setzten wir uns zum Aufwärmen auf die Terrassenmauer. Die Steine waren mollig warm, und ich fühlte mich behaglich wie ein Kätzchen auf der Ofenbank. Spätestens ab Mittag schob sich dann eine dicke, dunkle Wolkenwand über den Bergkamm und brachte Kälte mit. Wie ein Deckel lag die Dunstschicht über uns, und ich kam mir vor, als säße ich in einer Muschel. Durch den Schlitz sah ich nach unten auf die sonnenbeschienene Küste. Erst gegen Abend wurde es auch hier oben langsam sonnig und freundlich.

Über das Klima hatten wir uns nicht gut informiert. Erst jetzt kennen wir die Zusammenhänge: Direkt am Meer ist es am wärmsten. Kommt man nach oben, sinkt die Temperatur pro hundert Höhenmeter um ein Grad ab. Im Sommer dreht sich das Phänomen um. Dann ist es auf den Bergen oft heißer als am Meer. Und jetzt, bei diesem ungewöhnlich lange andauernden Calima, dringen die heißen Winde von den Bergen jeden Tag weiter nach unten vor. Auf dem Weg bergab nach Los Llanos ist es von einem Meter zum anderen plötzlich um zehn Grad kühler und fast windstill. Faszinierend. Hier oben aber ist es heiß und stürmisch, ein Gefühl, als lebte man in einem Umluftbackofen.

Besonders schlimm sind die Nächte. Um wenigstens ein bisschen schlafen zu können, haben wir uns einen Ventilator gekauft. Das Gerät ist etwa einen Meter hoch und dreht sich in alle Richtungen. Voll Freude auf eine entspannte Nacht, legen wir uns in seinen Luftzug. Der Ventilator brummt zum Steinerweichen. Ich bin hundemüde, kann bei dem Lärm aber trotzdem nicht schlafen. Nach einer Weile machen wir das Gerät aus, schlafen, bis die Hitze uns wieder weckt. Bis zum Morgengrauen geht es im Stundentakt weiter: Ventilator an, abkühlen, Ventilator aus, schwitzen. Und dazwischen für ein Weilchen Schlaf. Immerhin.

La Palma, 1. August 2009

»Hast du den Rauch hinter den Hügeln schon gesehen?«,

fragt Leo, als er von der Terrasse hereinkommt.

Tatsächlich, hinter den Hügeln von Tajuya steigen dicke Rauchwolken in den Himmel. Es werden immer mehr und sie werden immer größer. Glutorange zittert eine Flamme in dem dunklen Qualm. Bei diesem extrem trockenen Wetter reicht eine Kleinigkeit, ein Zigarettenstummel oder eine Glasscherbe, um die dürren Nadeln der Kiefernwälder zu entzünden.

Über dem Meer kreisen unermüdlich Löschhubschrauber. Unter ihnen hängen große, rote Behälter, mit denen das Meerwasser aufgenommen und über dem Brandherd abgelassen wird. Wie winzig die Wassermengen im Vergleich zu den Flammen aussehen!

Das Feuer breitet sich in unsere Richtung aus. Ich habe Angst. Unser deutscher Vermieter verfolgt die Nachrichten und hält uns auf dem Laufenden. Von ihm wissen wir, dass bisher keine Menschen zu Schaden gekommen, aber einige Dörfer bereits evakuiert worden sind.

»Weißt du was, wir sollten vorsichtshalber unsere Sachen zusammenpacken«, sagt Leo, »ist ja nicht so viel. Und wenn das Feuer noch näher kommen sollte, sind wir schneller weg.«

Das ist der Vorteil, wenn man wenig besitzt: Die »Evakuierungsrucksäcke« sind schnell fertig! Papiere, Rechner, Kosmetika und etwas Wäsche. Aber wohin flüchtet man, wenn es auf so einer kleinen Insel brennt? Ins Wasser?

Nach vier Tagen ist das Feuer endlich einigermaßen unter Kontrolle. Von Sonnenaufgang bis Sonnenuntergang sind die *Bomberos* (Feuerwehrleute) im Einsatz. Es ist ungemein schwierig für sie, den Brand vollständig zu löschen. An einer Stelle mühsam bekämpft, bricht das Feuer an anderer Stelle aufs Neue aus, immer wieder angefacht vom starken, alles austrocknenden Wind. Mit

Brandschneisen gelingt es den Bomberos schließlich, die Ausbreitung der Flammen zu stoppen. Wir verfolgen angespannt die Entwicklung, unsere gepackten Rucksäcke sind nach wie vor griffbereit deponiert.

Inzwischen ist auch die Brandursache geklärt: eine Mischung aus Fahrlässigkeit und Doofheit. Im Juli/August ist auf den Kanaren die Zeit der Sommerfeste. Jedes Dorf feiert seine *Fiesta*, die traditionell mit einem Feuerwerk beendet wird. Auch das Fest bei Tigalate endete – trotz Calima! – mit dem Abschuss von Böllern und Raketen. Als am nächsten Morgen dann die ausgedörrte Landschaft in Flammen stand, waren Verwunderung und Entsetzen groß.

Die Bilanz nach vier Tagen Feuersbrunst: dreißig Tiere qualvoll verendet, fünfzig Häuser und andere Besitztümer zerstört, zweitausendfünfhundert Hektar wertvoller Pinienwälder für viele Jahre verloren. Natürlich hat die Regierung versprochen, die betroffenen Familien zu unterstützen. Und natürlich wird das Ewigkeiten dauern. Weihevolle Worte sind schnell gesprochen, der Fluss des Geldes ist da schon sehr viel zäher. Das ist in Spanien nicht anders als anderswo.

13

Von Cáceres nach Salamanca, 22./23. Juni 2015

Gleich nach dem Frühstück sitzen wir wieder im Auto. Unser Ziel: Salamanca. Die Stadt liegt gut zweihundert Kilometer nördlich von Cáceres in der Region Kastilien-León.

Die Autobahn ist auch heute so gut wie leer. Die Sonne scheint von einem wolkenlosen Himmel, es wird wieder ein heißer Tag werden. Ohne die Klimaanlage würde die Fahrt in unserem tapferen, kleinen Panda sicher kein so großes Vergnügen sein.

So aber macht es Spaß durch eine Landschaft zu reisen, die sich ständig verändert. Der Blick bis zu den Bergen am Horizont wird durch nichts eingeschränkt. Wir passieren flache Getreidefelder, struppige Wiesen, auf denen Rinderherden mit ihren Kälbern weiden und sanfte Erhebungen mit Olivenbäumen.

Wir schrauben uns auf zwölfhundert Meter hoch. Unser kleines Autochen macht, obwohl voll beladen, keinerlei Probleme. Wir müssen an die mitleidigen Blicke unserer Nachbarn denken, als sie erfuhren, dass wir mit diesem kleinen Wagen quer durch Europa düsen wollten. Und wir grinsen bei diesem Gedanken.

Es geht wieder hinunter in die Ebene. Die üppigen Oleandersträucher am Straßenrand verschwinden langsam, machen gelben Ginsterbüschen Platz.

Wieder bewegen wir uns durch eine sehr dünn besiedelte Landschaft. Vereinzelt nehmen wir ein Dorf wahr oder eine kleinere Stadt, ansonsten sehen wir nur Natur. Sträucher, Bäume, Grasland und ein großer Stausee ziehen an uns vorbei. Mitten in der Einsamkeit überragt die vierzehn Meter hohe Silhouette eines *Osborne-Stiers* die leicht hügelige Landschaft.

Dann taucht Salamanca vor uns auf. Es ist zwölf Uhr. Schon die Einfahrt in die Stadt macht uns Freude. Gepflegte Häuser, Springbrunnen, Rasenflächen, darüber ein azurblauer Himmel. Salamanca erobert uns auf Anhieb. Wir können es kaum erwarten, die Stadt zu erkunden.

Schnell haben wir unser Gepäck im *Ibis-Hotel* verstaut und das Auto in der Tiefgarage geparkt. Das läuft inzwischen sehr routiniert ab. Schon wenig später stehen wir wieder auf der Straße. Trotz der Mittagswärme wollen wir als erstes zur *Plaza Mayor*, einem der schönsten Plätze ganz Spaniens. Nach knapp zehn Minuten haben wir das Herz der Altstadt erreicht. Wir gehen ein paar Stufen hoch, passieren einen mächtigen Steindurchgang – und sind begeistert.

Vor uns erstreckt sich ein großräumiger Platz mit Bogengängen rundum. Gleich gegenüber das barocke Rathaus mit den fünf Granitbögen und dem flachen Glockenturm. Dreistöckige Bauten umschließen links und rechts den Platz. Die Häuser stehen auf einer Säulenbalustrade mit Kreuzdeckengewölben. Hinter den Arkaden verbergen sich kleine Läden mit originellem Warenangebot, Cafés und Restaurants. Davor warten Tische und Stühle unter quadratischen weißen Sonnenschirmen auf Gäste.

Um diese für Spanien frühe Mittagsstunde sind noch viele Plätze frei. Wir steuern auf einen Tisch im Schatten zu. Ein Blick auf die Speisekarte mit ihren bunten Abbildungen ist vielversprechend. Es gibt *Pinchos*, köstliche kleine Gerichte, die oft auf kleinen Spießen, den Pinchos, serviert werden. Wir bestellen eine Auswahl und werden nicht enttäuscht. Die kleinen Häppchen sind nicht nur sehr appetitlich auf dem modernen Geschirr angerichtet, sondern schmecken einfach köstlich. Ein leichtes Essen, genau das Richtige für den Moment.

Langsam füllen sich auch die Tische um uns herum. Die Leute sehen städtisch aus, gut gekleidet. Die spanischen Brocken, die ich aufschnappe, kann ich erstaunlich gut verstehen, ganz im Gegensatz zu dem Dialekt auf den Kanaren. Ich fühle mich ausgesprochen wohl hier.

Nach dem Essen streifen wir durch die historische Altstadt. Die Straßen und Gassen sind mit großen Steinplatten in Naturtönen gepflastert. Goldgelb leuchten die vielen imposanten Baudenkmäler auf unserem Weg in der Sonne. Die beiden Kathedralen und das historische Gebäude der Universität, an dessen Fassade ich vergeblich nach dem steinernen Frosch suche, der hier versteckt sein soll, sind einfach traumhaft schön. Eigentlich würden wir gerne die alte Bibliothek auch von innen besichtigen, aber dazu ist unser Aufenthalt in Salamanca zu kurz. Und ich möchte unbedingt noch die Fassade der *Casa de las Conchas* anschauen, die mit Hunderten von Muscheln dekoriert ist.

Im *Jardin de la Merced*, in der Nähe der Universität, genießen wir die Ruhe und den Schatten unter den Bäumen des Gartens. In der Nähe unserer Bank plätschert ein Springbrunnen. Die Sonne flirrt durch die Pflanzen, es riecht nach Blumen und Sommer.

Nach einer Weile treibt es uns zurück in die Gassen der Stadt. Vorher werfen wir noch einen Blick über die Mauer am Ende des Gartens hinunter auf den *Río Tormes*, den breiten Fluss, der durch Salamanca fließt.

Jetzt, am späten Nachmittag, sind die Läden wieder geöffnet. Die Sonne ist nicht mehr so warm, und die Stadt erwacht aus der Ruhe der Siesta. Aber unsere Aufnahmebereitschaft ist erschöpft. Wir ziehen uns für eine kurze Ruhepause in unser Hotel zurück.

Mit Einbruch der Dunkelheit sind wir wieder draußen. Nach und nach gehen die Lampen an und tauchen die Straßen und historischen Gebäude in ein malerisches Licht. Besonders auf der Plaza Mayor sieht das einfach hinreißend aus.

Auf dem Platz herrscht eine unglaublich schöne Abendstimmung. Salamanca ist eine Studentenstadt. Viele junge Leute sitzen auf dem Boden, unterhalten sich, trinken etwas oder essen Eis. In ihrer leichten Sommergarderobe sehen die Mädchen sehr hübsch aus. Die Steinbänke überlassen die Jugendlichen den älteren Leuten. Es wird Musik gemacht, geredet und gelacht – eine friedliche und gleichzeitig sehr lebendige Atmosphäre.

Wir sitzen auf einer Bank und löffeln ein ausgezeichnetes Eis. Ich könnte noch ewig hier bleiben, einfach nur gucken und Eindrücke aufsaugen. Aber es ist spät, und allmählich wird es Zeit für uns, ins Bett zu gehen.

Der Abend hat ein bisschen Kühle mit sich gebracht, aber es sind immer noch fünfundzwanzig Grad. Ich hoffe, dass wir trotzdem gut schlafen werden. Morgen haben wir eine Strecke von dreihundertzwanzig Kilometern nach Oviedo in Asturien vor uns.

Aus einer ruhigen Nacht wird nichts. Trotz Klimaanlage ist es viel zu warm im Zimmer und zu allem Überfluss spielt ein Kind bis zwei Uhr morgens auf der Straße lautstark Fußball, angespornt von seiner stolzen Mutter, die jede Aktion des angehenden Fußballstars begeistert kommentiert. Und dazu bellt ohne Unterlass ein Hund. Gute Nacht!

14

La Palma, September 2009

Auch das noch: Ameisen in der Küche! Überall krabbeln sie herum, auf der Spüle, dem Herd, der Arbeitsfläche, auf dem Boden und sogar im Geschirrspüler. Ich bewaffne mich mit einer Küchenrolle und werde zum brutalen Ameisenmörder. Aber gegen die Ameisenstraße, die quer durch die Küche führt, richte ich wenig bis gar nichts aus. Widerlich.

Nicht zum ersten Mal kommen mir Zweifel. Sind wir auf La Palma richtig? Werden wir uns hier jemals zu Hause fühlen? Arbeiten können? Geld verdienen? Ausreichend Spanisch sprechen? Bisher bin ich nicht wirklich glücklich hier. Ich habe mir so Vieles anders vorgestellt und bin von so vielen Dingen enttäuscht. Ich habe alles aufgegeben – und jetzt kann ich den Gegenwert nicht finden, obwohl ich mich wirklich bemühe.

Die Insel ist mir zu gebirgig. Gebirge haben mich schon immer mehr eingeschüchtert und geängstigt als begeistert. Alle Wege sind hier unglaublich steil, mein Bewegungsdrang ist deshalb ebenso unglaublich eingeengt. Sich bei einem zügigen Spaziergang zu bewegen, ganz unspektakulär und auf ebenen Wegen, ist auf dieser Wanderinsel nicht drin. Der einzige ebene Weg, den wir gut erreichen können, findet sich in Puerto de Tazacorte. Dort fahren wir jeden Abend hin und laufen – vom Parkplatz zum Strand zum Hafen zurück zum Parkplatz zum Strand zum Hafen ... jeden Tag, immer dasselbe.

Habe ich zu viel erwartet? Kann vielleicht sein. Andererseits: Deutschland hat sich in den letzten Jahren gewaltig verändert. Für mein Empfinden in eine negative Richtung. Bildung, Kultur, menschliches Miteinander, anständige Arbeit für anständige Bezahlung – alles ist nichts mehr wert. Das ist nicht mehr meine emotionale Heimat. Es regiert nur noch das Geld. Ich stamme aus einer anderen Generation, bin geprägt von anderen Werten im Leben. Und ich hatte gehofft, von dieser »alten Welt« etwas auf La Palma zu finden, erhoffte mir ein humaneres Miteinander der Menschen, nicht nur Raffgier und soziale Härte.

In Teilen ist dieser Wunsch tatsächlich auch wahr geworden. Ich habe den Eindruck, dass die Spanier einen deutlich höflicheren und toleranteren Umgang miteinander pflegen. Das fängt bei der ganz selbstverständlichen Integration von Behinderten an. Ich erinnere mich an ein Sonntagskonzert auf dem Kirchplatz in Los Llanos: Am Schlagzeug sitzt ein Jugendlicher mit Downsyndrom. Offensichtlich ist er voll in die Gruppe integriert. Genau wie alle anderen spielt er ein kleines Solo, genau wie bei allen anderen wird es beklatscht.

Oder der Fahrkartenkontrolleur abends im Bus von Santa Cruz nach El Paso. Er denkt nicht im Traum daran, den schlafenden Mann am Fenster vor uns zu wecken, der wahrscheinlich von der Arbeit nach Hause fährt und müde ist. Seine Ruhe ist wichtiger als die bezahlte oder nicht bezahlte Fahrkarte.

Die Deutschen auf der Insel haben ihre gewohnten Verhaltensweisen mitgebracht. In erster Linie wird abgecheckt, ob das Gegenüber von finanziellem Nutzen sein könnte. Wenn nicht, erlahmt schnell das Interesse. Jeder schafft sich hinter hohen Mauern sein kleines Paradies und lebt in seiner so weit wie möglich deutsch geprägten Welt. Spanisch sind allenfalls Gärtner und Putzfrau.

Aber, an die eigene Nase gefasst: Ich bekomme es ja auch nicht so viel besser hin. Gerne würde ich mich mehr in der Welt der Einheimischen bewegen, aber meine

Sprachkenntnisse sind einfach zu schlecht, um echte Kontakte aufbauen zu können. Das Sprachproblem habe ich völlig unterschätzt. Ich bin von mir selber enttäuscht. Hinzu kommt, dass meine Hoffnungen, neue Aufgaben für mich zu finden oder gar verborgene Talente in mir zu entdecken, sich bisher nicht erfüllt haben. Genau wie mein Mann habe ich mir gewünscht, mit einer Arbeit, die wir gerne machen, die unseren Fähigkeiten und Neigungen entspricht, unser Auskommen erwirtschaften zu können. Bis jetzt stochern wir noch im Nebel.

Ich mache mir viele Gedanken und Sorgen: Wovon werden wir leben, wenn unser Geld verbraucht ist? Was ist, wenn einer von uns krank wird? Aber wohin sonst? Ohne Geld ist die Welt doch eher klein. Oder andersrum: Nur mit dem nötigen Kapital bist du überall willkommen.

Tagsüber kann ich die Gedanken verdrängen. Nachts, wenn ich aufwache und nicht mehr einschlafen kann, erdrücken sie mich.

15

Von Salamanca nach Oviedo, 23./24. Juni 2015

Wie immer auf dieser Reise, stehen wir morgens um halb acht auf. Der aromatische *Café con Leche* und das Croissant aus dem Café in der Nähe bringen uns auf Trab. Über uns strahlt wieder die Sonne. Auch dieser Tag verspricht warm zu werden. Seit wir das Festland erreicht haben, breitet sich über Spanien vom Süden her eine Hitzewelle aus. Und wir surfen quasi knapp vor ihr her. Wo wir auch hinkommen, ist es immer schon sehr warm und sonnig, aber noch nicht unerträglich heiß.

Um zehn starten wir zur nächsten Etappe. Dank des Navis finden wir auch aus Salamanca problemlos hinaus auf die Autobahn. Ein großes Stück der Strecke ist so neu, dass sie auf den aktuellen Karten noch gar nicht erfasst ist, und wir sind fast alleine unterwegs. So etwas habe ich noch nie erlebt, finde es aber ganz und gar nicht unangenehm.

Wieder verändert sich die vorbeiziehende Landschaft. Sie wird jetzt sehr flach. Kornfelder und Gemüseanbau beherrschen zunehmend das Bild. Eine Landschaft, wie sie auch in Schwaben oder sonst wo weiter nördlich aussehen könnte.

Nach gut zweihundert Kilometern erreichen wir León. Die kostenfreie Autobahn endet hier. Wir durchqueren die Stadt und fahren auf der Landstraße weiter. Die Gegend wird von Kilometer zu Kilometer hügeliger, bis wir mitten in den Bergen sind. Bis auf dreizehnhundert Meter geht es hoch. An den Straßenrändern stecken lange Stöcke, wie wir sie aus den Wintern in Bayern kennen. Sie markieren dort den Verlauf der Straße bei Schnee. Und tatsächlich erzählt uns der Tankwart bei einem Stopp, dass hier im

Winter der Schnee oft mannshoch liegt.

Bald windet sich die Straße wieder nach unten und gibt dramatische Ausblicke frei. Trotzdem ist das nicht meine Gegend – zu gebirgig!

Am Himmel erscheinen dunkle Wolken. Kurz vor Oviedo fallen die ersten Regentropfen. Es wird kühler. Aber das macht gar nichts, wir können ein bisschen Abkühlung ganz gut gebrauchen.

Das Hotel *Princesa Munia* liegt in einer kleinen Straße kurz vor Beginn der Fußgängerzone, ein Viersternehotel, fünf Gehminuten von der Kathedrale von Oviedo entfernt. Im Foyer ist es dunkel, keine einzige Lampe brennt. Gerade ist in der gesamten Straße der Strom ausgefallen. Im Dämmerlicht stellen wir das Gepäck an die Seite. Hier werde ich warten, bis Leo das Auto in der hoteleigenen Garage, ein paar Straßen weiter, untergestellt hat. Als er zurückkommt, ist auch der Strom wieder da, und wir können die Koffer auf das Zimmer bringen. Es ist nicht sehr groß, aber gepflegt und gemütlich, und auch das Badezimmer ist, wie immer in Spanien, einwandfrei.

Der Schlafmangel der letzten Nacht hängt uns noch in den Knochen. Wir haben gar keine Lust, uns jetzt irgendetwas anzusehen. Unser Körper verlangt nach Ruhe. Wir stellen die Uhr, kuscheln uns in das gemütliche Bett und schlummern sofort weg.

Eine Stunde später reißt mich das Fiepen des Weckers aus dem Tiefschlaf. Habe ich überhaupt geschlafen? Ich bin immer noch müde. Leo geht es nicht viel anders. Trotzdem stehen wir auf. Schließlich wollen wir nicht unsere gesamte Zeit in Oviedo verduseln.

Als wir das Hotel verlassen, trage ich das erste Mal seit langer Zeit Socken, feste Schuhe und eine Jacke. Die einundzwanzig Grad draußen empfinden wir beide als kühl. Noch immer nicht wirklich fit steuern wir schon nach ein paar Minuten das nächste Café an. Vielleicht helfen jetzt ein Kaffee und ein dickes Stück Kuchen, uns auf die Beine zu bringen.

Hübsch ist es hier. Sehr gepflegt, sehr modern und der freie Tisch vor den großen Fenstern scheint auf uns gewartet zu haben. In der Verkaufstheke lockt eine grandiose Kuchenauswahl.

Reden mögen wir im Moment nicht. Wir sitzen einfach da, trinken den hervorragenden Kaffee, genießen die süßen Köstlichkeiten und betrachten die vorbeigehenden Leute. Das Straßenbild ist jetzt deutlich anders, überhaupt nicht mehr »südländisch«, vielmehr wie das einer Großstadt in Belgien, Deutschland oder Frankreich. Und die Leute sind durchweg sehr gut angezogen.

Langsam kommen die Lebensgeister zurück und damit auch das Interesse an dieser neuen Stadt auf unserer Route. Jetzt endlich sind wir bereit für Oviedo.

Ziellos bummeln wir durch die Gassen. Wir steuern nichts Bestimmtes an, lassen uns treiben. Die komplette Altstadt ist Fußgängerzone. Hohe, fast trutzige Fassaden bestimmen das Bild. Alles wirkt schwer und gediegen. In einem der großflächigen Parks entdecken wir Kastanien, Rotbuchen und Laub auf grünen Wiesen. Wie lange haben wir schon keine so hohen Bäume und so viel grünes Gras mehr gesehen! Alles ist sauber und ordentlich, kein Vogeldreck auf den Bänken, und die Menschen benutzen tatsächlich alle brav die Papierkörbe. Eine einsame Palme wächst auf einem ansonsten gepflasterten Platz, von der Leichtigkeit des Südens findet sich keine Spur mehr. Vielleicht trägt auch der eher graue Himmel zu diesem Eindruck bei. Hier in Oviedo bekommen wir unseren Kulturschock, tauchen wieder ein in das Europa, das wir vor ein paar Jahren verlassen haben.

Zum Abendessen gehen wir in eines der vielen Restaurants. Auf einer Tafel am Eingang wird ein *Menue*

Pareja, ein Menü für ein Paar, für fünfundzwanzig Euro angeboten. Wir werden nicht enttäuscht. Auf eine kleine Gemüsepastete folgt ein gemischter Salat mit panierten Hühnerbruststreifen. Danach gibt es ein dickes Stück Rippenfleisch mit *Pimientos Padrón* (kleine, grüne Paprika in Olivenöl gebraten und mit grobem Meersalz bestreut) und Kartoffelstreifen. Als Abschluss einen köstlichen, eiskalten Milchreis und ein Fruchteis mit gehackten Nüssen und einem Tropfen Schokolade. Alles wird sehr appetitlich serviert, der Kellner ist freundlich und aufmerksam, die Atmosphäre im Lokal geschäftig, aber entspannt.

Es ist halb zehn, als wir zum Hotel zurückgehen. Heute wollen wir nichts mehr sehen, nichts mehr erleben, nur noch ein paar ruhige Stunden mit Fernsehen verbringen. Das haben wir auch schon lange nicht mehr gemacht.

Auf dem Weg zum Hotel kommen wir an der Kathedrale vorbei. Eine Gruppe in bunten Trachten hat sich auf dem Vorplatz versammelt. Die Frauen tragen lange Röcke und Kopftücher, die Männer seltsam spitze Hüte. Irgendwas ist hier heute noch los. Eine Bühne ist aufgebaut, darüber hängen rotierende Scheinwerfer, die bunte Kreise auf den Holzboden malen. Mitten auf dem Platz stehen zwei hohe Türme aus aufgeschichteten Zweigen. Ich vermute, dass das Ganze in Brand gesteckt werden wird, und erinnere mich an eine Tradition auf Lanzarote. Ein Mal im Jahr, zur Sonnenwende am 21. Juni, werden überall auf der Insel Feuer zu Ehren des Heiligen San Juan entzündet. Heute ist zwar schon der 23. Juni aber, wer weiß, vielleicht hat das Fest trotzdem damit zu tun.

Plötzlich hören wir einen Dudelsack und Kastagnetten. Die Trachtengruppe formiert sich zu Paaren und beginnt zu tanzen. Hier sind es die Männer, die die Kastagnetten schlagen. Hört sich gut an und sieht auch gut aus. Eine Weile sehen wir zu. Doch dann wird es uns doch zu kalt und wir gehen endgültig ins Hotel. In Oviedo sind es jetzt nur noch sechzehn Grad. Wo bleibt unser treuer Begleiter, die Hitzewelle?

16

La Palma, Dezember 2009

Starke Regenfälle setzen die ganze die Insel unter Wasser. Dort, wo es im Sommer so heftig gebrannt hat, höhlt jetzt die Nässe die Böden aus und schwemmt die Erde der Hänge weg. Es fehlt die Stabilisierung durch die Bäume. Braune Wasserfluten stürzen mit gewaltiger Kraft zum Meer hinunter. Stellenweise brechen komplette Straßenabschnitte weg. Und der Regen nimmt und nimmt kein Ende. Trostlos.

Auch bei uns läuft es nicht mehr rund. Wir überlegen, uns von La Palma zu trennen und auf eine andere Kanareninsel zu ziehen. Vor allem mich treibt diese Idee um. Alle Wünsche und Erwartungen, die ich mit dem Weggang von Deutschland verknüpft hatte, haben sich nicht verwirklichen lassen. Und ich fürchte, das wird sich auch nicht ändern.

Der deutsche Luxus ist für uns endgültig vorbei. Aber das ist kein Problem, das vermissen wir nicht. Wir haben gelernt, mit wenigen Sachen auszukommen und vieles zu improvisieren. Eine heilsame und befriedigende Erfahrung. Es sind andere Dinge, die uns nicht gefallen. Die Wohnsituation zum Beispiel. Wir haben lange versucht, eine Wohnung in Los Llanos zu finden – mehr Menschen, mehr Anregungen, besseres Wetter. Hier oben ist alles konserviert. Es ist immer das Gleiche und eigentlich auch nicht wirklich spanisch. Abgesehen von den Palmen und Bananen im Garten, könnten wir auch in irgendeinem deutschen Vorort leben. Eigenheimromantik. Das war nie das Umfeld, in dem wir uns wohlfühlen, auch nicht auf La Palma. Gut, wenn die Sonne scheint, ist es sehr schön, aber für den ganz normalen Alltag doch wenig befriedigend. Abgeschieden im Paradies verbringen wir unsere Tage wie Frührentner. Allerdings ohne Rentenbezüge, und das ist auf Dauer nicht drin. Inzwischen ist uns klar, dass wir auf La Palma kein Betätigungsfeld für uns finden werden. Die Arbeitslosigkeit liegt hier offiziell bei dreißig Prozent, inoffiziell spricht man von sechzig Prozent, Tendenz steigend.

Was habe ich nicht alles versucht: ein Programm *Yoga am Strand* entwickelt und mit Flyern beworben, Anzeigen für die Entwicklung von Corporate Design geschaltet, meine grafische Mitarbeit bei einem deutsch-spanischen Anzeigenblatt angeboten, zu malen begonnen, jede Menge Ideen entwickelt und wieder verworfen. Wieder und wieder bin ich in mich gegangen und habe nach verborgenen Talenten gesucht – aber zu meiner großen Enttäuschung keine gefunden. Ein paar grafische Aufträge habe ich für Kunden in Deutschland erledigt. Nicht das, was ich wollte. Wir sitzen hier in einer Sackgasse. Je mehr Zeit vergeht, desto mehr plagen mich Existenzängste. Unsere anfängliche Euphorie wird langsam von Depressionen verdrängt. Und Leo kommt mit seinem Buchprojekt auch nicht so richtig gut voran.

Außerdem ist mir La Palma auf Dauer doch zu klein. Sicher, auf eine liebenswerte Art trägt hier vieles noch den Charme der alten Zeiten in sich: die vielen *Fiestas* im Sommer, der Lautsprecherwagen, der über die Straßen kurvt und den frischen Fisch des Tages anpreist oder die kirchlichen Feste mit ihren Prozessionen, die eins zu eins einer Verfilmung von *Don Camillo und Peppone* entstammen könnten. Andererseits: Angehörige meiner Generation, die immer noch auf jugendlich machen und bei Musik und Räucherstäbchen und mit faltigen Gesichtern auf Flohmärkten alten Kram verkaufen – das ist mir dann doch zu viel der Nostalgie. Auch da sind wir nur Zuschauer und gehören nicht dazu.

17

Von Oviedo nach Santander, 24./25. Juni 2015

Wie immer haben wir in einem kleinen Café in der Nähe des Hotels gefrühstückt. Wieder sind wir um zehn Uhr auf der Autobahn, die auch heute nicht sehr voll ist.

Die Strecke verläuft durch eine ausgesprochen schöne Landschaft. Sie erinnert uns an Bayern, ans Allgäu. Nur mit dem Unterschied, dass hinter einigen Kurven das Meer durchblitzt. Wir passieren eine Brücke über einen Fluss und können dessen Weg in den Atlantik verfolgen. An seinen Ufern sehen wir weiße Sandablagerungen und dort, wo sich das Wasser mit dem Meer vermischt, nimmt es eine blau-türkisfarbene Färbung an.

Mittags erreichen wir bei sonnigen vierundzwanzig Grad Santander, die Hauptstadt der Region Kantabrien. Der erste Eindruck ist der einer quirligen Großstadt mit viel Autoverkehr. Das Navi lotst uns durch enge, belebte Straßen zu unserer Unterkunft für diese Nacht, dem Hotel *Silken Coliseum*, das zentral in einem ehemaligen Kino untergebracht ist. Schön, dass heute zur Abwechslung die Tiefgarage gleich neben dem Hotel liegt.

Das Zimmer scheint in den achtziger Jahren eingerichtet und danach nicht mehr verändert worden zu sein. Es ist also nicht besonders modern, aber sauber und von geradezu luxuriöser Größe. Es gibt sogar einen Extraraum mit Sofa und zweitem Fernseher. Werden wir zwar nicht nutzen, aber immerhin. Die Betten sind gemütlich und das Bad entspricht dem aktuellen Standard.

Wir können es kaum erwarten hinaus zu kommen. Die Läden sind noch alle geöffnet. Bei Bilderbuchwetter laufen wir durch die Altstadt hinunter bis zum Hafen. Santander liegt am Ende einer gewaltigen Bucht, der *Bahía de San-*

tander. Die Stadt hat rund hunderfünfundsiebzigtausend Einwohner auf vierunddreißig Quadratkilometern Grundfläche. Damit ist Santander relativ klein, trotzdem fühlt diese Stadt sich komischerweise an, wie eine der internationalen Millionenstädte.

Zwischen der Altstadt an den steilen Hängen und dem Meer verläuft eine mehrspurige, stark befahrene Straße. Daneben erstreckt sich entlang der Küste ein großzügiger Boulevard. Die Häuser an der Fahrbahn haben wundervolle Fassaden, manche mit kleinen schmiedeeisernen Balkonen, auf denen Blumentöpfe stehen. Im Parterre gibt es Läden, Restaurants und Cafés. Alles wirkt auf mich deutlich französisch inspiriert.

Wir setzen uns für einen Moment auf eine der vielen Bänke am Boulevard und sehen uns um. Junge Frauen mit Kinderwagen, Paare und Männer mit modischen Sonnenbrillen flanieren vorbei, bleiben für einen Plausch stehen, und trotz Strand und Meer sieht hier nichts nach »Sol y Playa« aus. Alle sind sommerlich, aber tipptopp gekleidet. Und die gepflegten älteren Damen mit ihren blau schimmernden Haaren sind eine Augenweide. Eine sehr ansprechende Umgebung.

Auf der Bank in der Sonne wird es uns bald zu warm. Wir schlendern weiter, erreichen nach kurzer Zeit den Yachthafen. Ein prächtiges Boot reiht sich an das andere – Armut sieht anders aus. Wir laufen noch ein paar Schritte und kehren dann um. Inzwischen ist es ruhiger in der Stadt. Ein Teil der Läden und Geschäfte schließt zur Siesta, und auch ich brauche eine Pause. Das Laufen fällt mir heute schwer. Wir werden ein wenig ausruhen und am späten Nachmittag noch mal losziehen.

Inzwischen sind die Geschäfte wieder geöffnet. Das muntere Leben ist in die Stadt zurückgekehrt, zieht uns gleich wieder in ihren Bann. Wir wollen zur Halbinsel *La*

Magdalena und an die Strände, die sich rechts und links von ihr ausbreiten. Und zwar mit dem Bus. Besser als mit den öffentlichen Verkehrsmitteln kann man in das Leben an anderen Orten eigentlich nicht eintauchen. Die Fahrt ist interessant und fast zu kurz, schon nach etwa zehn Minuten sind wir am Ziel.

Wir wandern durch einen wunderschönen Park mit dichtem Rasen und hohen Bäumen einen kleinen Hügel hinauf bis zum königlichen Palast, der einstmals vom spanischen Königshaus als Sommerresidenz errichtet wurde. Heute ist in dem Gebäude die Internationale Sommeruniversität untergebracht, die Veranstaltungen und Kurse anbietet.

Der Blick über die Bucht ist spektakulär. Auf der gegenüberliegenden Küste erheben sich mit sattem Grün bewachsene Hänge aus dem tiefblauen Meer. Rechts und links von unserem Aussichtspunkt erstrecken sich die breiten, hellen Strände aus feinem Sand, auf denen die Menschen die Sonne genießen.

Auf unserem Weg über die Halbinsel kommen wir zu einem Mini-Zoo mit Seehunden, Pinguinen und – Gänsen! Hier landet die Gans also nicht als Braten im Topf, sondern als exotische Sensation im Zoo. Die armen Gänse in Deutschland dürften vor Neid erblassen, wenn sie das jemals erfahren würden.

Der Weg oberhalb vom Strand zurück zur Altstadt ist einfach zu schön. Unter uns leuchten das Wasser und der weiße Sand, über uns reiht sich eine beeindruckende Villa an die nächste, zum Teil halb versteckt hinter exotischen Pflanzen.

Es ist nach neun, als wir an einem Fast-Food-Fisch-Restaurant vorbei kommen. Jetzt erst merken wir, wie hungrig wir sind. Das Lokal macht auf uns einen vertrauenerweckenden Eindruck. Es ist ganz in den Farben Weiß und Blau gehalten, strahlt damit Frische und

Sauberkeit aus. Familien mit Kindern, junge und ältere Paare und viele Jugendliche sitzen an den einfachen Tischen und kauen mit großem Appetit. Ich denke, das ist ein gutes Zeichen. Wo so viele Menschen eine Mahlzeit einnehmen mögen, kann es nicht schlecht sein. Außerdem würde Leo heute sehr gerne mal »etwas aus dem Meer« essen.

Wir bekommen noch einen der letzten freien Plätze. Der Ablauf ist streng durchorganisiert und erinnert ein wenig an McDonald's. Leo entscheidet sich für panierte Tintenfischringe, ich bestelle doch lieber eine Tortilla. Getrunken wird direkt aus der Flasche, statt Besteck gibt es Holzstäbchen. Beide Gerichte sind nicht die große Kochkunst, aber ganz lecker und reichen uns für heute.

Langsam schlendern wir durch die Altstadt zurück zum Hotel. Enge Straßen werden unterbrochen von kleinen und großen Plätzen. Überall gibt es Restaurants. Es ist noch warm genug, um den Tag draußen bei einem guten Essen ausklingen zu lassen. Und genau das tun die Menschen offensichtlich gerne und in großer Zahl. Die Stimmung ist entspannt und freundlich.

Santander wirkt auf uns europäisch und gleichzeitig typisch spanisch. Wir sind gerne hier, möchten fast noch ein bisschen länger bleiben, um noch mehr von dieser wirklich schönen Stadt kennenzulernen.

18

Lanzarote, 23. Januar 2010

Es ist sechs Uhr in der Früh. Lanzarote schläft noch. Vor uns liegt eine neue Etappe auf einem für uns unbekannten Fleckchen Erde, hinter uns eine unruhige, kalte Nacht auf der Fähre. Niemand konnte oder wollte uns sagen, wann genau das Schiff die Insel erreichen würde. Mit dem Ergebnis, dass wir erst fünf Minuten vor dem Anlegen im Hafen mittels Lautsprecherdurchsage geweckt wurden und keine Zeit mehr zum Duschen oder Frühstücken hatten.

Wir sehnen uns nach einem Kaffee. Auf dem Weg nach Yaiza, wo wir eine Ferienwohnung für die erste Zeit gemietet haben, kommen wir an einer hochmodernen Tankstelle mit Bistro vorbei. Und das ist um diese Zeit schon geöffnet – wunderbar!

Langsam schlürfe ich den heißen Kaffee. Leo sitzt mir mit müdem Gesicht gegenüber. Was wird uns hier erwarten? Ob sich mit diesem Umzug auch bessere Arbeitsmöglichkeiten ergeben werden? Wir werden sehen. Ich hoffe, dass Lanzarote mir zumindest landschaftlich mehr liegen wird, denn die Insel ist völlig anders als La Palma. Flach, karg und windig. Angeblich eine Insel für Individualisten und Künstler. Der bekannteste, César Manrique, hat das Gesicht von Lanzarote ganz wesentlich geprägt. Ihm ist es zu verdanken, dass es keine ausufernden Touristenhochburgen wie auf den anderen großen Kanareninseln gibt und der Charakter der Insel erhalten geblieben ist. Wir werden das in den nächsten Monaten erkunden.

Die Ferienwohnung gehört einem Künstler aus Norddeutschland und ist mit übergroßen Gemälden, einer

Jukebox und moderner Möblierung originell eingerichtet. Nur das Bad lässt zu wünschen übrig. Klitzeklein, mit einer Dusche, in der das Wasser nicht richtig abläuft. Das angebotene WLAN funktioniert nur draußen im Bereich des Swimmingpools, und auch da nicht immer. Das trifft sich gut, denn der Pool »funktioniert« auch nicht. Um das leere Becken stehen Tomatenpflanzen, angebaut und gepflegt von einem Rentnerpaar aus Deutschland, das in der Nachbarwohnung lebt, bewacht von ihrem riesigen, gutmütigen Hund, den sie als Welpen in einer Mülltonne entdeckt und aufgepäppelt haben. Wer konnte damals schon ahnen, dass dieses Würmchen von Hund einmal solche Ausmaße annehmen würde?

Nachmittags schlendern wir durch Yaiza. Der Ort ist wie ausgestorben. Keine Menschen, keine spielenden Kinder beleben den großen Platz vor der Kirche. Hier scheint sich das Leben mehr drinnen abzuspielen und nicht auf den öffentlichen Plätzen. Das kennen wir von La Palma ganz anders. Macht aber nichts, denn wir planen ohnehin in die Hauptstadt, nach Arrecife, zu ziehen. Vom Landleben haben wir erst einmal genug.

Auf dem Weg zurück in die Wohnung begegnen wir einer kleinen Karawane von Kamelen. Sie haben den ganzen Tag Touristen durch die karge Vulkanlandschaft getragen und freuen sich jetzt auf ihren Feierabend. Schlagartig wird mir klar, dass wir ja jetzt ganz in der Nähe des afrikanischen Festlands sind. Marokko, Tunesien, die Sahara – alles praktisch gleich um die Ecke! Irgendwie eigenartig.

Auf einer mehrspurigen Straße nähern wir uns Arrecife. Weiß leuchten die Häuser in der Sonne. Von Weitem sieht das recht einladend aus. Je näher wir kommen, desto größer wird unsere Ernüchterung. Die simplen Fassaden sind in einem schlechten Zustand, wirken ein wenig verwahrlost. Sehr schön dagegen ist der Stadtstrand *El Reducto* mit seinem weißen Sand und den Palmen.

Wir streifen durch die Straßen und Gassen, haben auch jetzt den Eindruck von einem vorwiegend tristen Stadtbild – nicht südlich-quirlig, sondern eher afrikanisch-verschlossen. Ich bin ziemlich enttäuscht und kann mir im Moment gar nicht so recht vorstellen, hier zu wohnen. Auch Leo ist sehr schweigsam. Ihm geht es nicht anders.

Eine kleine Aufmunterung erfahren wir in der Gegend um den *Charco de San Gines*. Auf diesem Binnenhafen dümpeln kleine bunte Boote im blauen Wasser, den Rand säumen weiße Häuser, Restaurants und Cafés. Der Geruch nach gegrilltem Fisch liegt in der Luft und reizt unsere Magennerven.

Eigentlich sieht Arrecife nur hier am Charco so aus, wie es in den Reiseführern präsentiert wird. Den Rest der Stadt empfinde ich im Moment als ziemlich gewöhnungsbedürftig und fühle mich, derb ausgedrückt, etwas verarscht. Unsere Wohnungsplanung für Arrecife bricht schon am ersten Tag auf Lanzarote zusammen, wir müssen noch mal völlig neu nachdenken. Eins ist jetzt schon klar: Es wird schwieriger als erwartet.

Lanzarote, Februar 2010

Nach den schlechten Erfahrungen mit den Maklern auf La Palma, die alles versprochen und nichts gehalten hatten, wollten wir den Start auf Lanzarote klüger angehen. Im Internet habe ich die Website von Jochen entdeckt, einem Deutschen, der seit vielen Jahren auf Lanzarote lebt. Sein Angebot klingt vielversprechend: Unterstützung bei der Suche nach Arbeit, das Finden einer passenden Wohnung und das Erledigen von Behördenkram. Aber vor allem hat mich seine Aussage gelockt, dass er aus eigener Erfahrung kenne, wie gerne Menschen gerade von Maklern übers Ohr gehauen würden, weil sie nicht über die nötige Erfahrung verfügten. Und sein Angebot genau da ansetze, »zuverlässig und ehrlich«.

Wir treffen ihn Ende Januar in einem Café in Playa Honda. Das heißt, zuerst lernen wir seine Mitarbeiterin Brigitte kennen. Oder genauer: Wir nehmen sie zuerst akustisch wahr.

An einem Nebentisch sitzt eine stark überschminkte Frau. Spuren von künstlichem Schwarz schimmern durch die dünnen Haare auf der Kopfhaut. Mit einer verruchten Stimme, die einem sämtliche Gänsehäute über den Rücken treibt, erklärt sie ihrem weiblichen Gegenüber, wie sehr doch alle Männer, im Allgemeinen, Schweine seien und wie sehr sie einem gewissen Herbert, im Besonderen, einheizen würde, wenn er *ihr* Mann wäre. Daraus schließe ich messerscharf, dass Herbert *nicht* ihr Mann ist, sondern der ihres Gegenübers und ihr Gegenüber eine Freundin und ihre Anweisung zum Einheizen von Herbert ein guter Rat zwischen zwei guten Freundinnen. Macht gar nichts, dass das ganze Café mithören kann, denn einen wohlmeinenden Ratschlag kann man/frau ja schließlich immer gut gebrauchen.

Während ich noch vor mich hin sinniere, dreht sie sich in ihrer ganzen aparten Erscheinung zu uns herüber und sagt: »Sie haben einen Termin mit Jochen, stimmt's?«

Wir nicken verblüfft.

»Jochen kommt später«, fährt sie fort, »aber ich bin sowieso diejenige, die für die Immobilien zuständig ist.«

Dann verabschiedet sie sich von ihrer Freundin und setzt sich zu uns an den Tisch. »Ich habe auch schon eine ganz tolle Wohnung in Puerto del Carmen für euch. Sechshundert Euro. Die Provision von einer Monatsmiete ist übrigens sofort nach der Besichtigung in bar zu zahlen.«

Ärger steigt in mir auf. Wo sind wir denn hier gelandet?

Nicht mit uns! Wir stehen auf, um zu gehen.

Da erscheint Jochen. Ein kleines, spirreliges Männchen in einem Sakko, in das er erst noch hineinwachsen muss. Sein Händedruck ist lasch und feucht. Ganz genau so haben wir uns den Mann unseres Vertrauens vorgestellt. Leo und ich verständigen uns mit einem Blick: Mit diesen Typen werden wir ganz sicher keine Geschäfte machen. Aber wir wollen auch nicht unhöflich sein, und wo wir schon mal da sind, können wir uns die angepriesene Wohnung in Puerto del Carmen ja mal ansehen.

Wir fahren mit unserem kleinen Saxo hinter ihrem dicken SUV her. Dabei wird uns erstens klar, warum die Provisionen sofort und in bar zu zahlen sind und zweitens, dass man als Deutscher auch auf Lanzarote den Weg vom Bäcker zum Gemüsemann nur im allradgetriebenen Geländewagen bewältigen kann.

Nach knapp fünf Minuten erreichen wir die Wohnung. Sie macht ungefähr den gleichen Eindruck wie Jochen und seine verruchte Spezialistin für Immobilien und wäre mit sechshundert Euro deutlich überbezahlt. Wir verabschieden uns, immer noch höflich, und bekommen dabei feierlich versichert, dass man jetzt, wo man wisse, was wir wollten, uns ganz schnell passende Angebote zeigen könne. Dabei ist uns allen klar, dass wir uns nicht mehr wiedersehen werden. Ich habe die Nase voll von Maklern, wobei man ihnen eines zugestehen muss: Den schlechten Ruf, den sie genießen, haben sie sich redlich erworben! Für uns aber heißt das: Genau wie auf La Palma müssen wir selber zusehen, wie wir zu einer anständigen Wohnung kommen.

Tagelang fahren wir die Insel ab, halten Ausschau nach Schildern auf denen »se alquila« steht. Ein paar Wohnungen besichtigen wir. Entweder sind sie in einem schlechten Zustand oder zu teuer oder die Umgebung gefällt uns nicht. Das Angebot an freien Wohnungen zur

Langzeitmiete ist nicht sehr üppig.

Im Norden kommen wir in das kleine Fischerdorf Punta Mujeres. Das Meer ist hier besonders schön, türkisblau wie in der Karibik. Auf den Bürgersteigen stehen Ruderboote statt Fahrräder. Das gefällt uns.

An einem hübschen weißen Haus mit grünen Fensterläden und großzügigen Balkonen Richtung Meer entdecken wir ein verwaschenes Schild mit einer handgeschriebenen Telefonnummer. In dem Gebäude scheinen Ferienwohnungen eingerichtet zu sein. Wir rufen an. Ein paar Minuten später ist Isabel da. Ja, sie habe noch eine Wohnung zur Langzeitmiete für sechs Monate frei, sagt sie. Wir sind froh, glücklich und erleichtert. Und sagen zu.

Ein paar Tage später ziehen wir ein. Der Internetanschluß funktioniert. Beim Essen schauen wir vom Balkon auf das glitzernde Meer, nachts hören wir es rauschen. Das Leben in dem Ort ist friedlich und ruhig. Für die notwendigsten Dinge gibt es zwei kleine Läden, bis zum nächstgrößeren Ort, Arrietta, sind es knapp dreißig Minuten zu Fuß, immer am Meer entlang. Hin und wieder essen wir hier in einem der guten Fischrestaurants oder gehen zur *Playa La Garita*, einer idyllischen, kleinen Badebucht mit weißem Sandstrand.

Ich bin glücklich, endlich wieder auf flachen Wegen laufen zu können. Nicht weit von unserer Wohnung beginnt ein abwechslungsreicher Pfad entlang der Küste zu den *Jameos del Agua*, einer von César Manrique gestalteten, fast mystischen, Lavahöhle. Oft laufe ich hierher, lasse mich von den Eindrücken, Geräuschen und Gerüchen am Meer bezaubern. Für eine Weile ist die Welt friedlich und schön.

Der Euphorie folgt bald eine gewisse Ernüchterung. Im Zweiwochentakt wechseln die Bewohner der anderen

Ferienwohnungen im Haus. Wir erleben die ganze Spannbreite an Gästen hautnah mit. Wir treffen auf sympathische Leute, mit denen wir uns anfreunden, hören schreiende Babys, polternde Vielerzähler und hartnäckige Musikliebhaber. Kurz, durch die leichte, wenig bis gar nicht geräuschisolierte Bauweise bekommen wir, ob wir wollen oder nicht, jede Lebensäußerung mit. Auf Dauer ist das etwas anstrengend.

Leo hat zunehmend Rückenprobleme wegen des schlechten Betts. Eigentlich ist unsere Schlafsituation nicht länger tragbar: durchgelegene Matratzen auf einer Hartfaserplatte, die Kopfkissen alt, müffelnd und verschlissen.

Die Arbeit für eine Zeitschrift, die wir inzwischen angenommen haben, versuchen wir an einem kleinen wackeligen Holztisch zu erledigen. Ein Koffer dient uns als Regal, ein zusätzliches Bett als Ablage. Es ist schon alles sehr improvisiert, auf Dauer *zu* improvisiert. Wir werden den Mietvertrag nicht verlängern.

19

Von Santander nach Donostia-San Sebastián, 25./26. Juni 2015

Zum ersten Mal auf dieser Reise ist die Fahrt nervig. Die Autobahn ist voll, dicht befahren von Schwerlastern. Irgendwann wird die Strecke kostenpflichtig, und wir biegen ab auf die Landstraße. Hier ist es auch nicht besser. Eingekeilt zwischen den Lastkraftwagen quälen wir uns durch die Berge. Ich bin sehr überrascht, dachte ich doch, dass wir ständig im Flachland neben der Küste herfahren würden. Statt dessen winden wir uns in Serpentinen die Berge hinauf und hinunter. Der kleine Panda muss ordentlich Arbeit leisten. Zwischendurch gibt es für kurze Zeit mal einen respektablen Ausblick auf das Meer. Eigentlich ist die Landschaft um uns herum sehr schön. Sie erinnert uns an die Schweiz, wären da nur nicht die vielen Industrieanlagen.

Meine Nerven schleifen am Boden. Auf dem letzten Streckenabschnitt sind wir wieder auf der Autobahn unterwegs. Eine alte, schlechte Autobahn, eng, ohne Standstreifen und mit Fahrern, bei denen ich mich frage, in welcher Lotterie sie ihren Führerschein gewonnen haben. Da überholt ein dicker Brummer den anderen mitten in einer engen Kurve und ist gerade mal fünf Kilometer schneller. Da werden die Fahrspuren geschnitten, dass mir die Luft wegbleibt. Ein Laster schert so knapp aus, dass er fast mit dem Pkw auf der Überholspur kollidiert. Ich bin froh, als wir endlich die Autobahn verlassen und unser Ziel für heute erreichen.

Wir sind in der spanischen autonomen Gemeinschaft Baskenland, in San Sebastián oder richtiger Donostia-San

Sebastián, wie der offizielle Name der Stadt lautet. Donostia ist der baskische Name für die Hauptstadt der Provinz Guipúzcoa. Bis zur französischen Grenze sind es noch etwa zwanzig Kilometer. Wir haben auf unserer Reise die letzte Station in Spanien erreicht.

Die Verkehrsschilder sind zweisprachig. Ich schaffe es nicht, im Vorbeifahren die baskischen Namen mit den vielen Konsonanten zu erfassen. Es ist für meine Augen eine sehr fremde Sprache.

Das Hotel *Palacio de Aiete* liegt etwas oberhalb der Stadt. Hier ist es ruhig, und es gibt keine Parkprobleme. Das erste Mal steht unser Auto ganz einfach draußen vor der Tür. Laut Concierge ist die Innenstadt in etwa zwanzig Minuten zu Fuß zu erreichen. Aber es gibt auch eine Bushaltestelle ganz in der Nähe. Jetzt machen wir erst mal eine Pause: Nerven beruhigen, dann sehen wir weiter.

Knapp zwei Stunden später stehen wir an der Station. Der Bus fährt uns in zehn Minuten den Hang hinunter bis zur *Catedral del Buen Pastor* mitten in der Stadt – und was für einer Stadt!

Individuelle kleine Läden, Cafés und Restaurants säumen die sauberen Straßen. Im Schatten der hohen Bäume laden altmodische Holzbänke zum Verweilen ein. Viele der Häuserfronten schmücken kunstvoll geschmiedete Metallgitter vor hohen Fenstern. Ich sehe Erker, Balkone mit Grünpflanzen und leuchtenden Blumen in kleinen Töpfen. Diese ansprechende Architektur im Stil der Belle Époque erinnert mich sehr an Paris.

San Sebastián ist aber nicht nur wunderschön, sondern auch teuer. Das gilt natürlich vor allem für den Wohnraum. Von Freunden, die hier aufgewachsen sind, wissen wir, dass es entsprechend schwierig ist, eine einigermaßen bezahlbare Wohnung zu finden.

In den Straßen sind auffallend viele gut angezogene

Leute quer durch alle Generationen unterwegs. Das Angebot in den Schaufenstern der Läden ist edel und exquisit. Alle großen Designermarken sind vertreten. Im Gegensatz zu den Kanaren, auf denen es etwas einfacher und bescheidener zugeht, scheint es in San Sebastián nicht egal zu sein, welches Label die schicke Jeans auf dem Hintern anzeigt.

Aber was sind letztlich schon materielle Güter! Meine Mutter zum Beispiel war unbändig stolz auf ihren Schmuck. Sie glaubte, im Laufe der Jahre ein kleines Vermögen angesammelt zu haben und hat es mir, ihrer einzigen Tochter, vererbt.

Jahrelang dachte ich: »Wenn alle Stricke reißen, dann hast du ja noch den Schmuck deiner Mutter.« Was für ein Irrtum!

Als wir in Deutschland unseren Haushalt komplett auflösten, stand auch der Schmuck zur Disposition. Ich suchte mir ein paar Erinnerungsstücke heraus, mit dem Rest ging ich zu einem Juwelier.

Wie sich herausstellte, setzte sich die Sammlung aus industriell gefertigten Schmuckstücken zusammen. Massenanfertigung, minderwertige Steine. Der Juwelier legte alles zusammen auf eine Waage. All die hübschen Ketten, Broschen, Armreifen und Ringe reduzierten sich auf den reinen Materialwert. Der Betrag, der mir ausgezahlt wurde, war lächerlich, die Erfahrung heilsam.

Eigentlich ist fast alles Käufliche nichts wert. Nichts, was über den persönlichen, aktuellen Nutzwert hinaus geht. Man zahlt unter Umständen viel Geld für die Anschaffung, schafft aber keine bleibenden Werte. Etwas anderes ist es natürlich, wenn man genügend Kapital hat, um dafür Gemälde, wertvolle Designermöbel, Antiquitäten, Oldtimer oder sonstige Sammlerobjekte zu erwerben. Dann kann man tatsächlich von Investitionen sprechen. Leo und ich aber bewegen uns mit unseren finanziellen Möglichkeiten immer im Raum der materiellen Wertlosigkeit.

Schön, dass zumindest meiner Mutter die Illusion geblieben ist, durch den Besitz von Juwelen ein wenig von der Speckseite des Lebens erwischt zu haben. Und dass sie nie erfahren musste, wie wenig Materialwert diese Speckseite besaß.

Der Stadtkern von San Sebastián ist klein und überschaubar. Am Ende einer der Altstadtgassen sehen wir eine Kirche, die viel zu groß für die Umgebung zu sein scheint. Es ist die berühmte *Basilika Santa María del Coro* aus dem 18. Jahrhundert, die sich majestätisch am Fuß des Monte Urgull erhebt.

Schon kurze Zeit später stoßen wir auf ein interessantes Bauwerk, den *Real Club Nautico* (königlicher nautischer Club). Hier beginnt die über fünf Kilometer lange Promenade entlang der *Playa de La Concha*, dem bekanntesten und elegantesten Strand von San Sebastián. Die beiden imposanten steinernen Uhren aus dem Beginn des 20. Jahrhunderts, die verspielten Laternen und das einzigartige weiße Geländer begeistern mich. Sehr edel! Und dann dieser Blick über die Bucht – noch nie habe ich einen beeindruckenderen Stadtstrand gesehen.

Den Namen »La Concha« verdankt die Bucht ihrer ungewöhnlichen Form, die an eine Muschel erinnert. Bei diesem perfekten Sommerwetter mit strahlendem Sonnenschein, siebenundzwanzig Grad und leichtem Wind ist es kein Wunder, dass die Playa sehr gut besucht ist. Aber irgendwie findet doch jeder noch sein Plätzchen. Es wird gesurft, geschwommen, gespielt, gelesen oder einfach nur faul in der Sonne gelegen. Jeder macht, was er möchte und trotzdem scheint, ungeachtet der Enge, keiner den anderen zu beeinträchtigen. Alle sind friedlich, alle sind gut drauf. Das Wasser ist blau und glitzert in der Sonne, kleine Wellen kullern auf den Sand. Vor dem Strand liegen jede Menge Boote vor Anker. Trotz der vielen Menschen ist es wirklich schön hier.

Wir haben uns vorgenommen, zu Abend ein paar Pinchos, die hier *Pintxos* heißen und für die San Sebastián berühmt ist, in einem der zahlreichen Restaurants zu essen, wie sie in fast jeder der kleinen Gassen zu finden sind. Bis dahin haben wir noch etwas Zeit. Wir setzen uns unter den großen quadratischen Sonnenschirm eines Cafés an einer der Straßen zum Meer und bestellen für jeden ein Bier.

Am Tisch gegenüber fallen mir zwei sehr gepflegt aussehende, weißhaarige Damen auf, die ihren Tee aus den feinen Porzellankannen genießen und sich angeregt unterhalten. Überhaupt, wenn ich mich so umschaue, sehen die Gäste um uns herum schwer nach Geld aus, nach viel Geld. Mich wundert deshalb auch nicht besonders, dass unsere beiden winzigen Flaschen Bier sage und schreibe neun (!) Euro kosten.

Endlich wird es Zeit, unsere Pinchos zu essen. Die Auswahl an Restaurants ist groß. Alle sehen einladend aus, es ist gar nicht so einfach, sich für eines zu entscheiden. Nach bewährter Manier gehen wir da hinein, wo die meisten Leute sind.

Auf dem langen Tresen reihen sich Tabletts aneinander, voll mit kleinen leckeren Häppchen, ähnlich den in Deutschland bekannten Canapés. Viel Scampi und Lachs in immer anderen Kombinationen sind dabei. Pasteten mit aufgetürmtem Gemüse auf kleinen Weißbrotscheiben, gehackter Eiersalat auf Blätterteig, interessante Gebilde, die ich nicht zuordnen kann – die Auswahl ist immens. Lauter essbare Kunstwerke! In jeder Portion steckt ein etwas größerer Zahnstocher, der Pincho, mit dem wir uns die Leckereien auf den Teller legen. Später werden diese Pinchos gezählt und aus der Anzahl die Zeche ermittelt.

Praktisch und unbürokratisch! Um uns herum wird geschmaust, geredet und gelacht. Wir genießen die verführerischen Kleinigkeiten auf unseren Tellern und den angenehmen Trubel um uns herum.

San Sebastián hat uns begeistert. Die Kombination aus Stadt, Strand, Meer und Lebensart hat unglaublich viel Lebensqualität, ist aber leider auch entsprechend teuer. Eine Stadt für Vermögende. Vielleicht sollte ich doch mal Lotto spielen.

20

Lanzarote, 24. April 2010

Das Haus von Rolf und Marlies liegt einsam und versteckt im Norden der Insel. Trotz der Wegbeschreibung in meiner Hand fahren wir an der Abbiegung zu ihrem Grundstück vorbei. Erst beim dritten Anlauf entdecken wir den kleinen Schotterpfad zwischen den trockenen Sträuchern. Gut, dass es noch hell ist, im Dunkeln hätten wir den Weg niemals gefunden. Im Schritttempo holpern wir den Hügel zu ihrem Haus hinauf.

Marlies ist Bildhauerin. In unseren ersten Wochen auf Lanzarote hatte ich einen Kursus bei ihr besucht, mit ihr die ersten Schritte zur Bearbeitung von Steinen gemacht. Ich mochte sie von Anfang an. Ihre in sich ruhende Ausstrahlung, ihre Geduld und die Fähigkeit, auch still sein zu können, haben mir gefallen.

Wir haben zusammen gemeißelt, geschliffen, uns unterhalten und geschwiegen. Ich habe viel gelernt, fand die Arbeit mit Steinen sehr interessant, aber ein Michelangelo liegt nicht in mir verborgen. Über die Bildhauerei hinaus hat Marlies mir viele Tipps zum Leben auf der Insel gegeben, mich auf ganz neue Ideen gebracht.

Sie ist etwas jünger als ich. Mit dem Leben auf Lanzarote hat sie sich vor ein paar Jahren einen Traum erfüllt. Hoch auf einem Hügel in der Nähe ihres Wohnhauses steht ihr Atelier. Dort bildhauert sie, näht, strickt und malt. Ein echtes Multitalent. Ihre Werke verkauft sie auf den Kunstmärkten im Umfeld. Momentan legt sie die *Flex* kaum aus der Hand, Sie plant eine Ausstellung ihrer wunderschönen Skulpturen.

Ihr Lebensgefährte Rolf zeigt uns stolz das gesamte Grundstück. Groß ist es. Zwei Häuser stehen darauf. Es ist schön hier, aber für unseren Geschmack zu weit weg von allem. Für die heute stattfindende *Mondscheinparty*, mit Musik und Tanz unter dem Sternenhimmel, ist es aber perfekt. Abseits der Ortschaften mindert hier kein Licht die Leuchtkraft des Vollmonds, und es gibt keine direkten Nachbarn, die sich durch Lärm belästigt fühlen könnten.

In einer kleinen Holzhütte am Rand der Tanzfläche stellen wir unsere selbst gebackenen Kekse und den Wein zu den anderen Leckerbissen. Es ist wie auf den Feten der Studentenzeiten, als jeder etwas zu essen und zu trinken mitbrachte und dadurch keiner die Kosten für eine Party alleine stemmen musste. Auch jetzt sehe ich schon diverse Salate, Brot, Oliven und Käse auf dem Tisch stehen.

Es wird langsam dunkel. Die überall verteilten bunten Glühbirnen sorgen für eine romantische Stimmung.

»Zieh' doch mal die Schuhe aus«, sagt Rolf zu mir. Ratlos sehe ich ihn an, tue aber brav, was er verlangt. Er zeigt auf die Tanzfläche. »Und jetzt gehe über die Fliesen.«

Ich erwarte kalte Füße und bin überrascht. Der Boden ist weich wie Samt und angenehm warm. Wunderbar zum Barfußtanzen unter Sternen. Rolf hat an alles gedacht.

Nach und nach trudeln weitere Gäste ein. Die Mehrzahl ist in unserem Alter. Wir werden nett aufgenommen, unterhalten uns angeregt mit verschiedenen Leuten. Die meisten stammen aus Deutschland und leben ständig oder für einige Monate im Jahr hier. Es sind Künstler und Freiberufler. Ein Goldschmied ist dabei, eine Malerin und Autorin, ein Physiotherapeut, ein Arzt.

Rolf bedient die Musikanlage. Ich erkenne die Songs aus meiner Jugend. Naheliegend. Die Leute nutzen fleißig die Tanzfläche, geben sich mit derselben Begeisterung und den gleichen Bewegungen wie früher dem Rhythmus der Oldies hin.

Mein Mann verweigert das Tanzen komplett. Wie immer. Ich wage mich, natürlich barfuß, in die schwofende

Runde und komme mir sehr schnell albern vor. Das Schwelgen in den Gefühlen der längst vergangenen Jugend ist nicht so mein Ding. Ich hole mir etwas zu essen, sehe mir die Leute auf der Tanzfläche an und empfinde schmerzliche Wehmut: Dieser jugendliche Ausdruck in diesen gealterten Gesichtern, diese in der Jugend einstudierten Bewegungen, die jetzt nicht mehr geschmeidig, sondern ein wenig hölzern wirken, dieses Verlockende, das nicht mehr so recht weiß, was und wen es locken will – selten war mir der unaufhaltsame Prozess des Alterns so greifbar wie in diesem Moment.

21

Von Donostia-San Sebastián nach Biarritz, 26./27. Juni 2015

Die Autobahn nach Biarritz ist trotz *péage*, also Bezahlung, sehr voll, schmal und unübersichtlich. In regelmäßigen Abständen taucht eine Mautstation auf. Ich stecke das Portemonnaie gar nicht mehr weg, denn das lohnt sich nicht, ein paar Kilometer weiter erwartet uns zuverlässig der nächste Automat.

Die Hinweisschilder an der Straße wechseln vom für mich völlig unverständlichen Baskisch zu Französisch. Auch nicht viel besser. Ich bin froh, dass die Strecke nach Biarritz nicht so lang ist.

Um zwölf Uhr stellen wir unser Auto vor dem *Ibis Biarritz-Anglet Aéroport* ab, etwa drei Kilometer von der Innenstadt entfernt. In den Beeten um den Parkplatz blühen versöhnlich wunderschöne Hortensien in verschiedenen Lilatönen.

Ganz selbstverständlich sprechen wir beim Einchecken Spanisch – und werden nicht verstanden. Ein seltsames Gefühl. Mein Schulfranzösisch liegt irgendwo tief in mir vergraben, so tief, dass ich es im Moment nicht finden kann. Wir behelfen uns mit Englisch. Mir wird erst jetzt so richtig klar, dass wir im Begriff sind, Spanien *endgültig* zu verlassen. Ein bisschen wehmütig ist mir bei dem Gedanken jetzt doch.

Schnell entladen wir den Wagen und fahren sofort weiter Richtung Innenstadt. Ich bin neugierig, was uns in dem ersten Ort in Frankreich erwartet.

Wir gehen zum *Place Georges Clemenceau*, der mit seinen zahlreichen Geschäften und Cafés praktisch das Herz von Biarritz ist. Sieht alles ganz nett und schön aus, aber unsere Begeisterung hält sich trotzdem in Grenzen. Warum? Wir können es im Moment selber noch nicht so genau sagen.

Es ist Mittag, wir haben Hunger. Auf der Suche nach einem kleinen, schnuckeligen Restaurant ziehen wir kreuz und quer durch die Straßen und Gassen. Wir studieren voller Vorfreude die Menüangebote der Restaurants. Schließlich sind wir in Frankreich, der Nation, die so gut zu speisen weiß! Allerdings liest sich das Angebot – wenn auch sehr dekorativ und individuell mit weißer Kreide auf schwarze Tafeln gemalt – überall erstaunlich gleich und erstaunlich unfranzösisch. Und es ist überall erstaunlich teuer. Am Ende landen wir bei einem kleinen Italiener und entscheiden uns für Pizza und Nudeln. Das Essen ist ganz okay, der Hunger gestillt, und nach einem *Café noir* sind wir sind wieder fit für die weitere Erkundung von Biarritz.

Unser erstes Ziel ist eins der bekanntesten Wahrzeichen, der *Rocher de la Vierge*. Das Felsenriff liegt am Ende einer Holzbrücke im Meer. Hoch auf der Spitze steht eine weiße Marienstatue mit Jesuskind und schaut auf den heute ruhigen Atlantik. Die Madonna ist die Schutzheilige der Fischer. Sie wurde 1865 errichtet, um an die sichere Heimkehr der Fischer nach einem schweren Unwetter zu erinnern. Abends wird die Statue beleuchtet, aber so viel Zeit, um uns das ansehen zu können, haben wir nicht. Und Leo reicht, wie er sagt, »der Kitsch auch schon unbeleuchtet.«

Auf der gut ausgebauten Uferpromenade, der *Esplanade de la Vierge*, schlendern wir zurück in Richtung Zentrum. Der Blick über das Meer und den *Grande Plage* ist fantastisch. Der Weg geht weiter hinunter zum alten historischen Fischerhafen *Port Vieux*. Er führt durch üppig blühende Hortensien, die zu meinen Lieblingsblumen gehören. Zu meiner großen Freude sind sie hier sehr verbreitet. Wir erreichen den Hafen. In den

Fischrestaurants und Bars herrscht nur mäßiger Betrieb. Ein paar Schritte weiter schmiegt sich ein kleiner Badestrand mit goldgelbem Sand an die Bucht. Wir bleiben auf der Promenade und kommen zum Hauptstrand, den wir schon von oben gesehen haben. Er ist rappelvoll mit braun gebrannten Menschen.

In Biarritz liegt alles sehr dicht beieinander. Schon kurze Zeit später stehen wir vor dem *Hôtel du Palais*. Und diesen Namen trägt das Grandhotel zu Recht! Das Gebäude sieht eher aus wie ein Palast und soll von innen wahrhaft majestätisch sein. Wir konnten das nicht überprüfen, denn wir hatten nicht den Eindruck, dass neugierige Touristen in der Lobby besonders willkommen waren, und wir wollten nicht Gefahr laufen, vor die Tür gesetzt zu werden. So sehr sind wir an »majestätischen Grandhotels« dann auch wieder nicht interessiert.

Nach den überwältigenden Eindrücken von San Sebastián ist Biarritz für uns eher ein wenig enttäuschend. Gut, der Strand und die zerklüftete Küste sind schön, es gibt auch einige interessante Bauwerke, aber die Stadt spricht uns einfach nicht an. Von alter Pracht ist, für unser Gefühl und im Gegensatz zu San Sebastián, hier nicht mehr so viel zu merken. Nur die Preise sind hoch und knüpfen an bessere Zeiten an, in denen Biarritz als hochherrschaftlicher Urlaubsort galt. Noch nach dem Zweiten Weltkrieg traf sich hier der Adel. Heute sehen wir Shorts über dicken Hintern, Sandalen und Strohhüte auf den Straßen, an deren Rändern die üblichen Billigshops, welche die üblichen Ferienartikel anbieten. Und darüber hinaus fehlt uns die lebensfrohe Ausstrahlung, die wir aus Spanien kennen. Kann aber natürlich auch sein, dass Biarritz einfach nur das Schicksal aller berühmten und etwas überschätzten Orte teilt: Die Realität ächzt und stöhnt und müht sich doch vergebens, Mythos und Erwartungshaltung einzulösen.

Zurück im Parkhaus, akzeptiert der Geldautomat keine Scheine. Und unser Münzgeld reicht nicht. Was tun? Klar, natürlich Geld wechseln. Aber wo? In dem kleinen Aufsichtskabuff findet sich niemand. Also zurück zum Automaten. Wir könnten auch mit Kreditkarte zahlen, zeigt ein Symbol. Und ein umfangreicher Text verrät, wie das so geht. Aber der Apparat weigert sich, unsere – spanische – Karte zu akzeptieren, und wir verstehen die – französische – Anleitung nicht. Ja, ja, so ist das mit uns Ausländern: Wir sollten halt alle gefälligst erst mal Französisch/Englisch/Spanisch/Portugiesisch/Schwedisc h/Italienisch/Deutsch lernen, nicht wahr!

Irgendwann erscheint zum Glück ein Mitarbeiter der Parkgarage. Er versteht wiederum weder Spanisch noch Englisch noch Deutsch. Aber die Körpersprache funktioniert und ist ziemlich international. Und so gelingt es, das Problem zu klären: Er macht einfach den Apparat auf, entnimmt Kleingeld, wechselt unseren Geldschein. Voilà! Wir sind froh, dass wir jetzt endlich aus dem Parkhaus und aus Biarritz herauskommen, denn wir haben noch etwas vor ...

Sabine und Erich, mit denen wir während unserer Jahre auf Lanzarote zusammengearbeitet haben, verbringen im Moment einen Urlaub in ihrem Haus in der Nähe von Bayonne, knapp zehn Kilometer von Biarritz entfernt. Wir sind bei ihnen zum Kaffee eingeladen und machen uns voller Vorfreude auf den Weg. Klar, dass schon nach wenigen Kilometern eine Mautstation auftaucht. Habe ich schon gesagt, dass mir das auf den Keks geht?

Nach einer halben Stunde erreichen wir den kleinen Ort Urt. Die Straße wird immer schmaler und dann, am Briefkasten 1705, haben wir unser Ziel erreicht. Wie stehen vor einem alten Haus, hübsch gelegen in einem großen Garten, umgeben von viel Natur, die sehr an Oberbayern erinnert. Über die niedrige Steinmauer wuchern – Hortensien! Dieses Mal in Lila und Pink. Von der Wiese nebenan schauen zwei kleine Esel neugierig über den Zaun, irgendwo kräht ein Hahn. Ein sanfter Wind streicht durch die Bäume.

Unter einem mächtigen Sonnenschirm ist der Kaffeetisch schon gedeckt. Ein großer Strauß verschiedenfarbiger Hortensien in einem weißen Steinkrug schmückt die Tafel. Sabine hat einen Apfelflan gebacken.

Wir haben uns zweieinhalb Jahre nicht gesehen, und es gibt einiges zu erzählen. Wir erfahren unter anderem, dass sie und Erich auch darüber nachdenken, die Kanaren zu verlassen. Morgen ist ihr Urlaub vorbei. Beide fliegen nicht gerne zurück nach Lanzarote, könnten sich ein Leben in Südfrankreich durchaus vorstellen. Und ich muss sagen, es ist wirklich schön hier. Auch wenn es mir persönlich ein bisschen zu einsam für den Alltag wäre.

Nach einem sehr netten, entspannten Nachmittag nehmen wir für den Rückweg nach Biarritz nicht die Autobahn, sondern fahren durch eine reizvolle Landschaft am Fluss Adour entlang über die Stadt Bayonne zum Hotel.

Ein ganz kleiner, nicht einmal guter Imbiss im Ibis kostet uns schon wieder über zwanzig Euro. Frankreich scheint ein teures Pflaster zu sein. Wenn das so weiter geht, wird unsere Reisekasse doch mehr belastet werden, als wir dachten.

22

Lanzarote, Juli 2010

Wir stehen vor der Kapelle in Arrieta. Durch die geöffnete Tür dringt feierliche Kirchenmusik. Es wird sehr engagiert und laut, wenn auch nicht immer ganz richtig, gesungen, und das macht aus der feierlichen Stimmung eine eher fröhliche. Die Sonne strahlt vom azurblauen Himmel. Seit Tagen sind die Straßen festlich geschmückt. Wir feiern die *Fiestas de Nuestra Señora del Carmen*, das Fest der Schutzheiligen der Fischer.

Endlich ist es so weit. Die ersten Menschen strömen aus der Kirche und sammeln sich auf dem Platz. Und dann sehe ich sie: Kostbar mit Perlen und Blumen geschmückt, schwebt die Madonna über den Köpfen der Gläubigen aus der Kirche. Sie steht auf einem tischähnlichen, mit Tüchern bespannten Holzgestell, das von starken Männern auf den Schultern getragen wird. Die festliche Prozession kann beginnen.

Unter Gesängen bewegt sich der Umzug langsam zum Meer. Zusammen mit anderen Zuschauern folgen auch wir, lassen uns einfangen von dieser ganz besonderen Stimmung.

Am Hafen warten schon die vielen hübsch geschmückten Fischerboote auf den hölzernen Ehrengast. Dicht gedrängt stehen die Zuschauer entlang der Kaimauer, jeder will möglichst hautnah dabei sein, wenn die Statue vorsichtig auf das größte und prächtigste Boot gehoben wird.

Alles ist gut gegangen, nichts und niemand im Wasser gelandet, die Vertreter der lokalen Presse haben jedes Detail fotografiert. Es kann losgehen. Die Madonna fährt, begleitet von den bunten Booten und lauter Musik, hinaus aufs Meer.

»Schön, dass sie hier auch mal an die frische Luft kommt, findest du nicht?«, sage ich zu Leo. Statt einer Antwort grinst er mich an. Gemeinsam sehen wir noch lange den Booten hinterher.

Lanzarote, Januar 2011

Von wegen »nach einem Jahr kann ich fließend Spanisch«. Weit gefehlt! Immer wieder vergesse ich die gerade gelernten Vokabeln, beiß mir an der schwierigen Grammatik die Zähne aus. Mein Mann tut sich leichter. Er liest ohne größere Schwierigkeiten die *El País* – warum müssen Männer eigentlich immer solche Angeber sein?

Jeden Sonntag kaufen wir die Sonntagsausgabe, ziehen uns damit in ein Café in Puerto Calero mit Blick auf den Yachthafen zurück und trinken dazu einen *Leche y leche*. Das ist ein kleiner schwarzer Kaffee mit Milch und zusätzlich süßer Kondensmilch. Ein lieb gewordenes Ritual. Leo liest sich durch sämtliche Rubriken, ich konzentriere mich auf die Beilage *El País Semanal*. Das edle Layout mit den hochwertigen Bildern gefällt mir nicht nur sehr gut, sondern macht es mir auch einfacher, die interessanten Artikel zu verstehen. Zumindest zum Teil. Aber längst nicht genug. Es reicht mir nicht. Und meine spanische Kommunikation im Alltag empfinde ich als beschämend. Gut, die einfachen Dinge kann ich inzwischen regeln, aber von einer entspannten Unterhaltung bin ich nach wie vor meilenweit entfernt. Eine ernsthafte Integration ist für mich so nicht vorstellbar. Ich bin dankbar für die Geduld und Freundlichkeit, mit der mir die Einheimischen begegnen. Rührend finde ich, wenn sie mir vehement versichern, dass ich hervorragend spanisch sprechen würde. Was für eine charmante Lüge!

Wissen die Deutschen eigentlich immer so genau, was sie verlangen, wenn sie von Ausländern perfekte Sprachkenntnisse einfordern? Sind sie selber so sprachgewandt? Und sind sie immer so verständnisvoll und geduldig mit den Fremden, wie ich es hier erlebe? Vielleicht muss man am eigenen Leib erfahren, wie schwierig es sein kann eine Fremdsprache zu lernen, um sich entsprechend rücksichtsvoll zu verhalten.

Ich überrede meinen Mann zu einem Intensivsprachkurs. Ich bilde mir ein, ich hoffe, ich wünsche mir, dass ein neuer Anlauf mich ordentlich weiterbringen wird. Noch will ich nicht aufgeben.

Wir melden uns zusammen bei der Sprachschule *UIMP* in Puerto del Carmen an. Nach einer schriftlichen und mündlichen Prüfung werden wir einer Gruppe zugeordnet. In den kommenden Wochen wartet auf uns drei Mal wöchentlich ein randvoller Schultag. Wir werden von verschiedenen Lehrern unterrichtet werden. Grammatik, freies Sprechen, Sprachlabor – der gesamte Lehrgang wird ausschließlich auf Spanisch stattfinden.

Da wir inzwischen in dem kleinen Ort Macher wohnen, können wir größtenteils zu Fuß zur Schule gehen. Von unserer Wohnung sind es nur ein paar Minuten mit dem Auto hinunter nach Puerto Calero. Hier beginnt ein wunderschöner, dreißigminütiger Gehweg nach Puerto del Carmen, immer an der steilen Küste entlang mit einem unglaublichen Blick aufs Meer.

Auf der Strecke gibt es keinen Schatten. Morgens ist das noch kein Problem, im Gegenteil, wir freuen uns jeden Tag auf die Wärme. Unsere Wohnung ist, jetzt im Winter, doch sehr kalt und hat keine Heizung – wie die meisten Wohnungen auf den Kanaren. Zu allem Elend regnet es durch die Decke. Durch die frisch gestrichenen weißen Wände frisst sich langsam der Schimmel, und wir sitzen mit Radiator, mehreren Pullovern und dicken Socken am

Schreibtisch.

Was für ein Unterschied zu unserer letzten Wohnung! Weil wir den Mietvertrag in Punta Mujeres nicht hatten verlängern wollen, auf die Schnelle aber auch keine passende Bleibe finden konnten, mieteten wir uns übergangsweise in Arrecife in die Wohnung einer Bekannten ein.

Das Haus lag »zweite Reihe Charco«, also mitten in der Stadt in einem mehrstöckigen Neubau. Die IKEA-Einrichtung empfanden wir, nach den typisch spanischen Möblierungen mit viel dunklem Holz und wilden Mustern, als Wohltat. Alles war hell, sauber und freundlich. Die Bodendusche im Badezimmer hatte sogar zwei Duschplätze. Dafür lief das Wasser nicht richtig ab, aber man kann ja nicht alles haben. Ich war trotzdem beeindruckt, denn so einen eigenwilligen Luxus hatte ich bisher noch nicht gesehen.

Auch wenn uns die Wohnung und das Wohnen am Charco ausgesprochen gut gefielen: Die Neubauwohnung heizte sich im August unangenehm auf. Wir schliefen nackt, deckten uns nur mit einem Bettlaken zu und schwitzten dennoch ohne Ende. Und es war laut. Nachts, so ab zwei Uhr, kamen die Leute von ihren abendlichen Unternehmungen zu ihren Autos zurück, die sie in den Straßen rund um den Charco geparkt hatten. Nicht dass sie besonders rücksichtslos gewesen wären oder absichtlich viel Lärm gemacht hätten, das nicht. Sie verabschiedeten sich halt etwas länger voneinander, lachten, ließen dabei den Motor des Wagens schon mal laufen – wie das eben so ist, wenn man nach einem gelungenen, feucht-fröhlichen Beisammensein auseinandergeht.

Wenn dann endlich auch die letzten Kneipenbesucher den Weg nach Hause gefunden hatten, begann – regelmäßig gegen vier Uhr morgens – eine Nachbarin die

Straße zu fegen. Sie konnte wohl auch nicht schlafen und wollte ihrer Schlaflosigkeit wenigstens einen Sinn geben. Und dann war da noch der Nachbar, der die Unterhaltung mit seinen Freunden offensichtlich am liebsten nachts führte. Recht lautstark, draußen auf der Terrasse, bis morgens gegen acht. Außer montags, da hatte er wohl Ruhetag.

In den engen Gassen drang jedes Wort, jedes Geräusch vielfach verstärkt an unsere müden Ohren. Es machte auch keinen Sinn, die Fenster zu schließen. Sie waren aus ganz einfachem Glas und außerdem – die Hitze! So kamen wir dreieinhalb Monate lang kaum eine Nacht zum Schlafen. Es war eine Qual.

Hinter dem Haus, in dem wir wohnten, sahen wir in das ursprüngliche Arrecife. Auf dem Hinterhof lebten jede Menge Katzen. Wir dachten schon, dass sie Tauben jagten, denn immer wieder einmal tanzten flaumige Federn vor unserem Fenster herum. Aber weit gefehlt: Eines Tages entdeckten wir, wie in diesem Hinterhof ein Mann unter einem Wellblechdach einen Vogel rupfte, der eine täuschende Ähnlichkeit mit einer Taube aufwies. Anscheinend war er es also, der diese Vögel zu seinem Lieblingsgericht erkoren hatte.

Entgegen unserem ersten Eindruck von Arrecife hat uns das Wohnen in der Inselhauptstadt dann doch ganz gut gefallen, und wenn wir hier eine andere Wohnung gefunden hätten, wären wir sicherlich geblieben. Der Stadtstrand *El Reducto*, die Cafés und Restaurants, das fröhliche Treiben, die netten und relaxten Einwohner – das alles hat uns angesprochen. Aber zermürbt von wochenlangem Schlafdefizit, Lärm und Hitze machten wir uns auf die Suche nach einer neuen Wohnung und landeten schließlich in Macher.

Natürlich hatten wir uns vorher jede nur denkbare Unterkunft angesehen, darunter zum Teil abenteuerliche

Behausungen wie die in einem abgelegenen Dorf im Weinanbaugebiet der Insel. Sehr einfach, kaum möbliert, feuchte Einbauschränke, weder Fernseher, noch Telefon oder Internetempfang, dafür aber fünfhundert Euro Mietkosten. Die spanische Besitzerin pries es uns als »ursprüngliches Leben auf dem Lande« an. Das war uns dann doch etwas *zu* ursprünglich, aber mit den Ausländern kann man es ja mal versuchen.

Oder die Wohnung vom deutschen Hans. Vollgestopft mit Nippes, entsprach sie so gar nicht unseren Vorstellungen. Der Gedanke, mit ihm, seiner unfreundlichen Frau und den beiden sehr schlecht erzogenen Hunden so eng zusammenzuleben, schreckte uns trotz Wohnungsnot ab.

Als wir uns die Wohnung in Macher ansahen, waren wir quasi schon weich gekocht. Wir wollten nur noch der Dauerhitze und dem Schlafmangel entfliehen. Die Räume waren alt, kühl und dunkel, die Möbel typisch kanarisch, angereichert mit einer paar »modernen« Stücken von Wer-weiß-woher. Aber alles war frisch renoviert, es gab Internet, und der Blick von der großen Terrasse auf die Nachbarinsel Fuerteventura war einfach umwerfend. So unterschrieben wir den Mietvertrag mit der kanarischen Besitzerin.

Wenige Tage später zogen wir ein. Endlich waren wir in kühleren Gefilden, konnten wieder durchatmen. Wir stellten unsere Habseligkeiten auf der Terrasse ab, gingen in die Wohnung und überlegten, wie wir die Einrichtung für unsere Bedürfnisse optimieren könnten. Langsam ging die Sonne unter und es wurde Zeit, die Sachen hereinzuholen.

Rocky, der Collie der Vermieterin, saß neben dem Gepäck. Nach einer ausgiebigen Streicheleinheit für den »braven Hund«, griff ich nach einem Koffer und stutzte. Wieso war er nass und wieso stand er in einer Pfütze? Da hatte doch wohl nicht dieser Hund ... doch, er hatte auf

Hundeart unser Gepäck in Besitz genommen. Das fing ja gut an. Ich wusste nicht, ob ich lachen oder weinen sollte, entschied mich dann aber fürs Lachen.

Wir räumten ausgiebig die Möbel um und putzten alles gründlich. Die Schränke rochen ein bisschen muffig. Dagegen sollte ein altes Hausmittel helfen, Töpfchen mit Kaffeemehl, die ich in den Schränken verteilte.

Das erste Mal seit vielen Jahren gingen wir wieder zu IKEA. Früher, in Deutschland, hatte mich das schwedische Möbelhaus nicht interessiert. Jetzt war ich überwältigt von diesen gut designten, günstigen Möbeln, wie es sie im kanarischen Angebot nicht gibt. Wir gönnten uns ein Bett mit Matratze, zwei kleine Schreibtische mit Stühlen, ein paar Lampen, Handtücher und Geschirr. Der Abschied vom Minimalgepäck. Nach fast zwei Jahren waren wir das improvisierte Wohnen leid. Wir hängten Gardinen auf, ich nähte Kissenbezüge (mangels Nähmaschine mit der Hand), kurz, wir versuchten, uns ein Zuhause zu schaffen. Trotz der kanarischen Grundmöblierung mit alten Möbeln wurde es ganz gemütlich und auf jeden Fall sehr originell. Die Macken der Wohnung sollten erst zum Beginn des Winters deutlich werden ...

Die Räume der Sprachschule sind in einem Gebäude am alten Hafen von Puerto Calero untergebracht. Dreizehn Leute sitzen erwartungsvoll im Kreis auf einfachen Stühlen mit einer kleinen, fest montierten Schreibplatte. Ziemlich viele Menschen für einen angekündigten »Unterricht in kleinen Gruppen«. Einer nach dem anderen stellt sich vor, nennt seinen Namen und den Grund, warum er an diesem Kursus teilnimmt. Das übliche Verfahren also, nur, dass es ausschließlich auf Spanisch passiert. Schon jetzt werden erste Unterschiede im Wissensstand deutlich.

Rechts neben mir sitzt eine hübsche zarte Frau, Jaya aus Indien, links die blonde Betty aus England. Neben Leo nimmt nur noch ein weiterer Mann am Lehrgang teil, der Österreicher Gregor. Wie sich bald herausstellt, ist der Umgang mit ihm nicht einfach. Offensichtlich hat er sich den Unterricht anders vorgestellt. Nicht nur die Rollenspiele sind ihm zu blöd. Er stellt sich oft quer, bemängelt vieles als zu simpel, begreift unglücklicherweise gleichzeitig die Zusammenhänge nicht und hält den Unterrichtsfluss immer wieder auf.

Die zweite Inderin, Rajini, wohnt in Puerto del Carmen und betreibt dort mit ihrem Mann ein Souvenirgeschäft. Ihr Spanisch ist sehr rudimentär. Viel gelernt hat sie in den letzten Jahren nicht. Das war auch nicht nötig, da sie sich fast ausschließlich in einem indischen Umfeld bewegt hat. Mann, Schwiegereltern, Freunde – alle stammen aus Indien. Aber die Situation hat sich geändert. Seit zwei Jahren ist sie Mutter. Im Alter von drei Jahren beginnt für die Kinder auf den Kanaren die Schulpflicht. Rajini hat Angst, schon bald ihre eigene Tochter nicht mehr verstehen zu können. Deshalb sitzt sie hier. Immer gut gelaunt, immer strahlend.

Oder Éva aus Ungarn. Seit einem halben Jahr ist sie mit ihrem Mann und vier kleinen Kindern auf der Insel. Sie ist Ärztin und möchte möglichst bald wieder arbeiten. Dazu braucht sie bessere Spanischkenntnisse.

An der deutschen Lilian kommt man nicht vorbei. Der Rock zu kurz, der Schmuck zu üppig. Aber sie ist ungeheuer herzlich, kontaktfreudig und lustig. Eine früh pensionierte Lehrerin in den mittleren Jahren, die während der Wintermonate auf der Insel ist. Sie hat einen großen internationalen Bekanntenkreis und möchte ganz einfach ihr Spanisch verbessern.

Und dann ist da noch die sympathische Rentnerin Christa aus der Lüneburger Heide, die attraktive Carolin aus Hongkong, die junge deutsche Studentin mit dem Lockenkopf und die sensible Martha – eine vielversprechende Mischung aus unterschiedlichen Kulturen und Persönlichkeiten. Wir werden in den nächsten Wochen viel Zeit miteinander verbringen. Zusammen lernen, zusammen feiern, zusammen wandern, gute und schlechte Tage haben, gemeinsam an den Schwierigkeiten der Sprache verzweifeln und ganz viel über fremde Kulturen lernen. Zu einigen wird sich der Kontakt intensivieren und zu Freundschaft werden. Mit anderen verbringt man einfach eine gute Zeit.

23

Von Biarritz nach Bordeaux, 27./28. Juni 2015

Es ist Samstag. Das Frühstücksbuffet im Hotel ist schlecht und lieblos zusammengestellt. Die Tische sind voller Krümel, das Croissant ist pappig, der Kaffee schmeckt fad, und ich bin maulig.

Unter dicken grauen Wolken verlassen wir Biarritz mit dem Ziel Bordeaux. Zweihundertdreißig Kilometer liegen vor uns. Wir rechnen mit einer Fahrzeit von gut drei Stunden.

Auf der Autobahn geht es hektisch zu, nichts für meine Nerven. Die Route führt uns zwischendurch immer wieder auf die Landstraße. Wir durchqueren ärmliche Dörfer, in denen wir nur wenige Menschen sehen.

Sabine und Erich hatten es uns bei unserem Kaffeebesuch in ihrem idyllischen Häuschen in Urt erzählt: Auch in Frankreich gibt es eine ausgesprochene Landflucht, immer mehr französische Dörfer gehen zu Grunde. Es gibt in vielen schon keine vernünftige Infrastruktur mehr. Ein Geschäft nach dem anderen, ein Café nach dem anderen macht dicht, dann schließt auch der Arzt des Ortes seine Praxis, ihm folgt der Apotheker. Für die Jungen ist das Leben in ihrem verödenden Dorf nicht mehr interessant, sie suchen ihr Glück in der Stadt. Es bleiben die Alten und ihre Erinnerung an ihre schöne Zeit, damals, in diesem blühenden Gemeinwesen.

Als Studentin habe ich in den siebziger Jahren oft die Semesterferien in Frankreich verbracht. Gerade das Landleben habe ich als sehr lebendig und liebenswert im Gedächtnis. Im Grunde geht es mir mit meinen Erinnerungen genauso wie den Alten, die noch hier leben. Jetzt habe ich das Gefühl, den Mief der halb verfallenen

Gebäude zu riechen, an denen wir vorbei kommen.

Die letzten vierzig Kilometer vor Bordeaux bildet sich ein gewaltiger Stau auf der Autobahn. Es geht nur noch Stop-and-go. In der Gegenrichtung sieht es genauso aus. Wohnmobile und Pkw mit Fahrrädern auf dem Dach reihen sich aneinander. Soweit ich weiß, hat die Ferienzeit doch noch nicht begonnen? Kann es sein, dass wir in einem ganz normalen Wochenend-Ausflugsverkehr feststecken? So etwas haben wir schon sehr lange nicht mehr erlebt. Und auch nicht vermisst.

Das *Ibis Bordeaux Centre Bastide* ist uns schon ganz vertraut. Kein Wunder, die Zimmer dieser Hotelkette sind ja überall gleich. Die Einrichtung beschränkt sich auf das Nötigste. Kennt man eines, kennt man alle. Was ich inzwischen an ihnen schätze: bequeme Betten, gut funktionierende Duschen, Sauberkeit und 24-Stunden-Service. Und das alles zu einem günstigen Preis. Im Normalfall, für lediglich eine Übernachtung, ideal. Aber heute bin ich nicht so angetan. Es muffelt nach Abwasser.

Im *Carrefour-Supermarkt* nebenan versorgen wir uns mit Baguette, Käse, Wein und etwas Obst für das Abendbrot. Der Markt ist groß, das Warenangebot international, nur die Bedienung an der Kasse ist nicht mehr ganz so freundlich, wie wir es aus Spanien gewöhnt sind. Es stört uns nicht weiter, wir realisieren nur den Unterschied.

Die Lebensmittel verstauen wir im Zimmer, ich wasche noch schnell ein wenig Wäsche durch, und dann geht's los. Wir sind schon sehr neugierig auf Bordeaux.

Nicht weit vom Hotel beginnt die *Pont de Pierre*, die älteste steinerne Brücke über die Garonne. Die mächtigen schwarzen Laternen auf beiden Seiten erinnern an eine längst vergangene Epoche. Der Fluss ist, wahrscheinlich vom Schlamm, ockergelb gefärbt. Radfahrer sausen dicht an uns vorbei. Auf der Autospur schieben sich die Wagen Stoßstange an Stoßstange im Schneckentempo ins Zentrum der Stadt.

Langsam kommt die Sonne durch die Wolken und es wird umgehend warm. Heute Morgen habe ich gelesen, dass uns die Hitzewelle mit Temperaturen bis vierzig Grad weiterhin auf dem Fuß folgt. Wenn wir Glück haben, werden wir uns bis zum Ende der Reise knapp vor ihr herbewegen.

Das Erste, was ich in Bordeaux wahrnehme, ist der Geruch. Wobei »Geruch« untertrieben ist: Die Stadt stinkt. Und sie ist schmutzig. Auf den Straßen liegen Abfälle, der Müll quillt aus den Tonnen, die Fliesen der Gehwege sind dreckverschmiert.

Auf der Suche nach dem *Place de la Bourse*, dem Wahrzeichen der Stadt, auf dem sich eine 3450 Quadratmeter große Wasserfläche befinden soll, gehen wir durch kleine Straßen. Die Häuser schmücken Balkone mit schmiedeeisernen Gittern, dahinter ranken Blumen. Es könnte ganz idyllisch sein, wenn mir nicht immer wieder der Geruch nach Urin und Abfall in die Nase stiege. Ekelhaft. Mir kommt der Roman *Das Parfum* von Patrick Süskind in den Sinn.

Wir landen in der Hauptgeschäftsstraße *Rue Sainte-Catherine*. Dicht gedrängt schieben sich die Menschen hindurch. Die Atmosphäre wirkt auf uns nicht positiv, eher angespannt und latent aggressiv. Das erste Mal auf der Reise klemme ich meine Handtasche fest unter den Arm.

Auf dem wirklich sehr schönen Platz am *Grand Théâtre de Bordeaux* aus dem 18. Jahrhundert, wird es etwas ruhiger. Majestätisch stehen hier imposante Gebäude nebeneinander. Am Theater zum Beispiel bilden zwölf Säulen einen Durchgang. Jede Säule krönt in ihrer Verlängerung auf dem Dach eine Statue. Beeindruckend.

Ein Straßenmusiker, und zwar ein richtig guter, sorgt

mit seiner Gitarre und angenehmen Stimme für Entspannung. Wir setzen uns auf eine kleine Mauer, hören zu und sind nach ein paar Musikstücken wieder ruhiger und fit für die weitere Besichtigung.

In der nächsten Straße Richtung Garonne, verführt uns ein Café mit dunklen Korbstühlen zu einer Kaffeepause. Was auf den ersten Blick so einladend und gepflegt ausgesehen hat, ist auf den zweiten ernüchternd. Die Tische sind zum großen Teil nicht abgeräumt und schon gar nicht abgewischt. Die Bedienung hat offensichtlich heute keine besondere Lust, die Gäste nach ihren Wünschen zu fragen. Dafür kosten uns am Ende zwei Tassen schlechter Milchkaffee acht Euro. War Frankreich nicht das Land des Milchkaffees? Aber egal, selbst diese Plörre bringt die Lebensgeister zurück, und wir machen uns weiter auf den Weg.

Und dann sehen wir ihn, den *Place de la Bourse*. In der Mitte steht eine gewaltige Reiterstatue. Die Häuser drum herum sind durchaus eindrucksvoll. Nur der *Miroir d'Eau*, die zwei Zentimeter tiefe Wasserfläche enttäuscht mich. Der größte Wasserspiegel der Welt sollte angeblich spektakulär sein und durch abwechselnde Spiegel- und Nebeleffekte faszinieren. Im Moment gibt es weder Nebelschwaden noch farbige Lichtspiele, und die Wasserfläche ist viel kleiner, als ich erwartet habe. Wir stehen an einer Pfütze in der Menschen planschen und barfuß laufen. In einem Land, in dem immer ausreichend Wasser vorhanden ist, kann ich die Installation nicht so großartig finden, und ich stelle wieder einmal fest, dass in den offiziellen Beschreibungen viel aufgebauscht und geschickt fotografiert wird. Kann natürlich auch sein, dass ich in den letzten Jahren so überaus anspruchsvoll geworden bin.

Es will sich keine Begeisterung für das berühmte Bordeaux einstellen. Auf dem Weg zurück zum Hotel passieren wir noch ein hübscheres Stadtviertel mit individuellen Läden und kleinen Cafés. Das versöhnt mich ein bisschen, aber insgesamt hinterlässt Bordeaux bei uns keinen guten Eindruck. Eine viel zu schmutzige, zu stinkende, zu laute, zu aggressive Stadt. Ohne Zweifel von kunsthistorisch und geschichtlich großer Bedeutung. Aber das heutige Leben in Bordeaux empfinde ich nicht als reizvoll.

24

Lanzarote, Juni 2011

Die Arbeit in einer kleinen Druckerei in Puerto del Carmen ist auf zwei Wochen begrenzt. Ich bin als Urlaubsvertretung auf Honorarbasis gebucht. Der Beruf, den ich nicht mehr ausüben wollte, hat mich wieder eingeholt. Ich sitze vor dem Computer und mache Layouts – Speisekarten, Flugblätter, Visitenkarten. Und das alles im Akkord. Nur so kann die Firma die knapp kalkulierten Endpreise halten und wettbewerbsfähig bleiben. Mein Chef, ein Engländer, achtet streng auf den Output. Quantität ist wichtiger als Qualität. Eine neue Erfahrung für mich. Normalerweise bin ich pingelig bis ins kleinste Detail, verwerfe erste Ideen, feile meine Entwürfe aus, bis ich wirklich zufrieden bin. Muss ich hier alles vergessen. Time is money!

Es ist und bleibt schwierig, auf den Kanaren eine Arbeit zu finden. Nach dem Zusammenbruch des Baubooms vor ein paar Jahren ist die Arbeitslosigkeit hoch. Canarios und Ausländer kämpfen um die wenigen Stellen. Es gibt so gut wie keine Industrie, Arbeitsplätze fast nur im Tourismussektor, und der ist fest in der Hand der großen internationalen Reiseveranstalter. Dort werden die Gewinne abgeschöpft, im Land bleibt wenig. Die für den Feriengast reizvollen All-Inclusive Angebote sind für die Einheimischen eher ein Desaster. Gingen die Urlauber früher zumindest mal zum Essen in ein Restaurant, bleiben sie heute im Hotel – ist ja alles im Pauschalpreis inbegriffen.

Die Mitarbeiter im Service werden nicht gut bezahlt. Ich weiß von einem Mann, der für seine Arbeit im Schichtdienst schon seit Monaten sein Gehalt nur sehr unregelmäßig bekommt. Das Hotel nimmt nicht genug ein, der Gewinn reicht angeblich nicht – trotz guter Belegung. Aber deshalb seinen Job aufzugeben, das kann er sich natürlich auch nicht leisten. Und so hofft er, dass bald zumindest ein Teil seines Verdienstes auf sein Konto fliest. Manchmal muss ich an all diese deutschen Klugscheißer denken, die in Zeitungsartikeln und -kommentaren über die »faulen Südländer« und ihren Club Mediterranee schwadronieren. Und ich wünsche ihnen dann nichts besonders Böses, ein paar Jährchen als »fauler Südländer« in diesem Club Mediterranee würden schon reichen ...

Für die ausländischen Bürger sieht es nicht besser aus. Alles, was vor einigen Jahren noch lief und speziell auf die deutsche Kundschaft ausgerichtet ist – Arzt, Bäcker, Therapeut, Friseur usw. – ist inzwischen ausgereizt. Der Verdrängungswettbewerb ist gnadenlos.

Wir haben versucht und versuchen weiterhin, trotz der schwierigen Umstände unseren Platz auf Lanzarote zu finden. Es liegen arbeitsintensive Monate hinter uns. Nach anfänglichem Zaudern ließen wir uns auf die Mitarbeit bei einer Zeitschrift ein. Zeitlich waren wir komplett besetzt, konnten von dem Honorar aber nicht leben.

Wir stiegen aus und begannen mit der Entwicklung eines eigenen Internetprojekts, einer Plattform für eBooks, einer Verbindung zwischen Autoren und Lesern. Mit Forum, Wettbewerb, Shop und allem Pipapo. Viele attraktive Details haben wir für die Website ausgeklügelt. Unsere ganze Hoffnung ruht auf diesem Projekt. Im August wollen wir so weit fertig sein, dann soll es an den Start gehen.

Trotz der vielen Arbeit ist natürlich noch kein Cent damit verdient. Das Risiko der Selbstständigen. Also übernahmen wir nebenbei diverse Minijobs: Wir haben einen Haushalt mit dreizehn Katzen geputzt, Gartenpflege für ein größeres Anwesen übernommen, ein Angebot für

Housekeeping entwickelt und beworben und in einem Immobilienbüro ausgeholfen. Und jetzt mache ich die Arbeit, die ich auf keinen Fall mehr leisten wollte – nur zu wesentlich schlechteren Bedingungen als früher.

Lanzarote, August 2011

Vor uns glitzert die kleine Insel La Graciosa in der Sonne. Wir stehen auf einer Brüstung über dem Abgrund der Steilküste von Famara. Es ist windig und traumhaft schön hier oben, die richtige Umgebung für den Geburtstag meines Liebsten.

Der in den Felsen eingebettete Aussichtspunkt *Mirador del Río* ist ein Werk des spanischen Künstlers César Manrique, der es auf einzigartige Weise verstanden hat, Natur und Architektur zu verschmelzen. Es gibt keine harten Kanten und keine rechten Winkel, alle Räume sind rund. Wie in der Natur sind alle Formen weich und fließend, auch die Wände und Treppen folgen diesem Gestaltungsprinzip.

Wir streifen durch das ungewöhnliche Gebäude, steigen die weißen Treppen mit den dunklen Holzstufen nach oben, gehen an einem Souvenirgeschäft vorbei zur, ebenfalls runden, Aussichtsplattform. Der Blick über die Felsklippen und das Meer ist unvergleichlich. Neben La Graciosa sehen wir die noch kleineren Inseln Alegranza, Montaña Clara und den Felsen Roque del Este in der Sonne liegen. Ich kann mich nicht sattsehen an dieser Schönheit. Aber es wird Zeit für den Geburtstagskaffee. Wir gehen zurück.

Mitten im Café hängt ein überdimensionaler Metallleuchter. Durch den Raum fließt leise Musik und unterstützt diese besondere Stimmung, die sich ganz offensichtlich auf die Besucher überträgt. Alle machen einen entspannten, ruhigen, fast ergriffenen Eindruck.

An der Selbstbedienungstheke versorgen wir uns mit Kaffee und Kuchen. Vor den riesigen Panoramascheiben ist noch ein Tisch frei. Es ist schön, hier zu sitzen. Alle Sinne werden angesprochen. Wir schmecken feinen Kuchen, sehen auf eine unglaubliche Landschaft und hören sanfte Musik. Toll.

25

Von Bordeaux nach Poitiers, 28./29. Juni 2015

Der negative Eindruck von gestern setzt sich fort. Das nennt man Kontinuität! Nach dem schlechten Frühstück am Tag vorher möchten wir heute wieder außerhalb des Hotels unseren Morgenkaffee trinken. Gar nicht so einfach. Um diese Zeit sind die Cafés in der Nähe noch geschlossen. Nach einigem Suchen finden wir eine *Boulangerie*, eine Bäckerei, die Frühstück anbietet. Bisher haben wir da immer gute Erfahrungen gemacht. Normalerweise sind die Brötchen frisch, der Kaffee gut, die Preise moderat. Also, nichts wie hinein.

Ein Teil des Raums ist sehr hübsch und modern als Bistro eingerichtet. Kleine runde Tische mit Sesseln wechseln sich ab mit langen massiven Holztischen in Stehhöhe, an den Wänden moderne Kunst. Zwei Männer bewegen sich hinter der Theke, fummeln an der Kaffeemaschine herum und sortieren die belegten Brötchen und den Kuchen in der Auslage. Wir sind die einzigen Gäste. Aber offensichtlich hat uns eine Fee in der Nacht unsichtbar werden lassen. Es dauert gefühlte Stunden, bis wir endlich unsere Bestellung aufgeben können, dann weitere Stunden, bis das Gewünschte auf den Tabletts liegt. Der Milchkaffee schwappt in Pappbechern, Croissant und Brötchen liegen auf klitzekleinen, hauchdünnen Papierservietten. Und die Kaffeequalität – na ja, Schwamm drüber.

In Frankreich gibt es, wie in Deutschland, am Sonntag ein Fahrverbot für Lastwagen. Wunderbar! Die zweihundertzwanzig Kilometer bis Poitiers legen wir entspannt auf einer fast leeren Autobahn zurück.

Wir fahren durch eine leicht hügelige Landschaft. Zum Teil ist das Getreide rechts und links der Straße schon abgeerntet. Dicke gelbe Rollen liegen verstreut wie Riesenspielzeug auf den Feldern. Über allem flirrt das warme Licht des Sommers. Dreißig Grad sind für heute angesagt. Nach und nach verschwinden die Kornfelder und die ersten Weinreben tauchen auf. Wir sind mitten im Anbaugebiet der bekannten südfranzösischen Spirituosen. Eine Ausfahrt der Autobahn führt nach *Cognac*, eine andere nach *Champagne*.

Bald schon sind wir in Poitiers. Uns erwartet eine Universitätsstadt mit einer zweitausend Jahre alten Geschichte. Wegen ihrer vierundzwanzig Kirchen und dreißig Klöster wird sie auch die Stadt der hundert Türme genannt. Ich bin gespannt.

Auf den ersten Blick wirkt Poitiers klein und jetzt, am Sonntagmittag, wie ausgestorben. Aber im Gegensatz zu Bordeaux macht die Stadt auf uns spontan einen sauberen, freundlichen Eindruck. Und sie stinkt nicht! Der Baustil gefällt mir. Neue moderne Gebäude fügen sich perfekt in die Architektur aus vergangenen Jahrhunderten ein.

Auf dem Platz vor dem Rathaus ist irgendeine Veranstaltung in vollem Gange. Die dröhnenden Durchsagen aus dem Lautsprecher erinnern mich an einen Rummelplatz. Es scheint ein Basketballturnier stattzufinden. Irgendwelche Ansagen werden durch monoton stampfende, laute Musik unterbrochen. Das geht mir schon bald auf den Geist. Ich stelle fest, dass meine Nerven dünner geworden sind, seit wir uns in Frankreich aufhalten. Liegt es an der Herausforderung der Reise? Ist das Konzept »einen halben Tag fahren, einen halben Tag eine Stadt ansehen« doch zu anstrengend? Oder liegt es schlicht und einfach an meiner Beziehung zu Frankreich, finde ich zu diesem Land keinen richtigen Zugang mehr?

Wir schlendern weiter. Das Café auf einem Platz mit hohen Bäumen animiert uns zu einem *Petit Noir*, einem Espresso. Die weißen Sonnenschirme sind schief, die Tische wackelig. Aber es ist nett hier, friedlich und ruhig. Wir sitzen wunderbar kühl auf den Korbstühlen im Schatten der Blätter. Der Lautsprecher vom Rathausplatz ist hier nicht zu hören. Zwei junge Mädchen laufen unermüdlich den weiten Weg zwischen Küche und Gästen durch die pralle Sonne hin und her. In der schwülen Luft ist das wahrlich kein einfacher Job.

Es ist noch zu warm, um Poitiers zu erkunden. Aber wir haben auch keine Lust, uns im Hotel aufzuhalten. Wir erinnern uns, dass wir auf der Einfahrt in die Stadt an einem Park vorbei gekommen sind, und machen uns auf die Suche. Aber was heißt Suche? Leo geht zielstrebig los und findet den Park auf Anhieb. Einen Teil seines Orientierungsvermögens hätte ich gerne, dafür würde ich ihm einen Teil meines ausgedünnten Nervenkostüms überlassen.

Hinter einem verspielten schmiedeeisernen Tor beginnt der *Jardin anglaise*. Eine sehr hübsche Grünanlage mit kleinen Teichen, hohen Bäumen, gepflegten Rasenflächen, Blumenrabatten, alten und modernen Skulpturen und bunten Wellensittichen in Käfigen. Nur wenige Spaziergänger laufen um diese Zeit durch den Park. Auf einer der schattigen Bänke ruht sich ein älteres Ehepaar aus. Eine Picknicktasche zu ihren Füßen, sitzen sie da, unterhalten sich und beäugen uns zwischendurch immer wieder neugierig. Als wir den Park wieder verlassen, grüßen sie uns und rufen uns noch ein freundliches »à prochaine« hinterher, »bis zum nächsten Mal«.

Die Gefahr, an einem Sonntag in Poitiers an Reizüberflutung zugrunde zu gehen, ist gering. Aber das ist uns eigentlich auch ganz recht, denn heute, am elften Tag unserer Reise, fühlen wir uns ein bisschen gesättigt von den vielen Eindrücken. Jetzt zieht es uns vorerst ins Hotel. Lesen, Ausruhen, nichts tun. Gegen Abend werden wir noch mal losziehen.

Inzwischen ist es halb acht. Wir raffen uns auf und machen uns auf den Weg. So richtig große Lust haben wir beide nicht. Aber nur im Zimmer herumliegen? Nein, das gefällt uns auch nicht. Dazu ist die Zeit, die wir zur Verfügung haben, zu kostbar. Wir beschließen, uns den Fluss anzusehen, an dem der Ort liegt – also auf zum *Clain.*

Das Hotel befindet sich im oberen Teil der Stadt. Wir laufen durch kleine Gassen zum Wasser hinunter, vorbei an Häusern in auffallend schlechtem Zustand. Menschen begegnen uns kaum. Nach etwa fünfzehn Minuten liegt der Fluss, oder besser: das Flüsschen, vor uns. Ein sehr ruhiges Gewässer, das eher wie ein Teich wirkt. Erst sieht es so aus, als könne man an seinem Ufer spazieren gehen, doch nach wenigen Schritten werden wir durch einen Maschendrahtzaun ausgebremst. Nun gut – gehen wir eben zurück.

Bei immer noch schwülen achtundzwanzig Grad quälen wir uns die Steigung Richtung Altstadt hoch. Je mehr wir steigen, desto mehr sinkt meine Laune. Endlich oben angekommen erwartet uns eine angenehme Überraschung: Die Altstadt von Poitiers ist wirklich sehenswert! Rund um die romanische Kirche *Notre-Dame-la-Grande* reihen sich Fachwerkhäuser, Restaurants und altmodisch wirkende Cafés aneinander. Die Schaufenster der kleinen Läden hinter den alten Fassaden sind mit geschwungenen Schriftzügen bemalt. So habe ich Frankreich in Erinnerung. Unsere Müdigkeit ist wie verflogen. Wir bummeln durch die malerischen Gassen. Obwohl nicht so viele Menschen unterwegs sind, füllen sich langsam die Restaurants. Morgen, wenn die Geschäfte geöffnet sind, wird es hier sicher sehr lebendig zugehen.

Für heute haben wir genug gesehen. Großen Hunger haben wir nicht, ein paar Pommes frites könnten uns vielleicht reizen und Leo liebäugelt mit einem Burger als Zugabe. In einem Schnellimbiss am Rathausplatz schlagen wir zu. Es sind die schlechtesten Pommes meines Lebens, über- oder besser: untertroffen nur noch vom Burger, wie ich von meinem Mann erfahren muss. Ich wundere mich, mit welch offensichtlichem Genuss die Leute an den Nachbartischen diesen Fraß in sich hineinstopfen.

26

Lanzarote, 18. Oktober 2011

Letzten Samstag habe ich mich gefragt, ob sich das Leben mehr oder weniger im Kreis bewegt. Da laufe ich doch tatsächlich wieder in einer Demo gegen den Kapitalismus mit. Wie Ende der sechziger Jahre. Auch damals ging es – unter anderem – um die Macht des Kapitals mit ihren Folgen für die Gesellschaft. Auch damals hatten wir Transparente und Trillerpfeifen, auch damals glaubten wir daran, durch unsere Proteste etwas bewegen zu können.

Selbst hier, auf dieser kleinen Insel, hat sich die *Occupy*-Bewegung formiert. Claro, gerade in Spanien ist die Arbeitslosigkeit drastisch. Wir reden momentan von geschätzten einundzwanzig Prozent und einer Jugendarbeitslosigkeit von fünfundvierzig Prozent. Das muss man sich mal vorstellen: Für nahezu jeden zweiten Jugendlichen ist die Zukunft schon beendet, bevor sie angefangen hat.

Ehrensache, dass ich wieder auf der Straße bin, zusammen mit gar nicht mal so wenigen Leuten, quer gemischt durch die Gesellschaft. Mit allem Drum und Dran, mit Plakaten und Trillerpfeifen, ziehen wir durch die *Avenida Fred Olsen*. Rechts Palmen, der Strand von Arrecife und das Meer. Links Mitbürger, die uns aus geöffneten Fenstern heraus anfeuern und Touristen, die uns bestaunen. Mittendrin ein Hund mit Protestschildern, die er rechts und links am kleinen Körper trägt. So stolz, wie er dabei die Rute in die Höhe hält, scheint er sich der Größe des Moments und seiner eigenen Rolle dabei vollauf bewusst zu sein.

Lanzarote wäre nicht Lanzarote, wenn Protestbewegungen hier nicht friedlich oder gar ohne musikalische

Live-Untermalung mit karibischen Rhythmen verlaufen würden. Oh, nein! Und auch in einer Demo hat man natürlich die Zeit, Bekannte zu begrüßen, sich mit ihnen über das schöne Wetter zu freuen, nach den Kindern zu fragen, den neuesten Tratsch auszutauschen und miteinander zu lachen. Das mag ich so an diesem Land! Ich weiß nicht, liegt es an den Menschen, an den Palmen, am Blick aufs Meer, an der Wärme oder an der Sonne? Wie auch immer: Ich habe noch nie so gerne und entspannt demonstriert, wie an diesem Samstag.

Lanzarote, November 2011

Friedlich schaukeln die Yachten in der Morgensonne. In den Cafés wird der erste schnelle *Cortado*, der traditionelle Espresso, getrunken. Ein Jogger kommt mir schnaufend entgegen. Ansonsten ist es um diese Zeit noch ruhig in Puerto Calero, unserem neuen Wohnort.

Mit der Unterstützung unseres spanischen Nachbarn José schafften wir nach und nach unseren überschaubaren Hausrat aus der Wohnung in Macher in das kleine Reihenhaus, das zu einer Ferienanlage mit großem Gemeinschaftspool gehört.

In den letzten drei Jahren haben wir in neun verschiedenen Wohnungen gelebt. Eins war immer gleich: null Komfort, null Luxus, dafür aber jede Menge Improvisationsbedarf. »Genügsamkeit« heißt das Zauberwort. Und es war und ist seitdem immer wieder interessant zu sehen, wie wenig wir wirklich brauchen. Aber das ist jetzt erst einmal vorbei! Wir wohnen in diesem Winter direkt unten an der Küste. Das kleine Haus ist hell, trocken, warm, neu und geschmackvoll möbliert und mit allen möglichen Elektrogeräten ausgestattet. Nicht zu fassen, sogar ein Geschirrspüler ist vorhanden! In meinen deutschen Zeiten fand ich das alles selbstverständlich. Jetzt ist es für mich der pure Luxus!

Die Lebensqualität hat sich eindeutig verbessert. Nicht nur was die Wohnung anbelangt, auch mein Bewegungsbedürfnis kommt wieder zu seinem Recht. Endlich kann ich von der Haustür aus problemlos zu Fuß gehen. Vorbei an mächtigen Palmen laufe ich noch keine zehn Minuten bis zum Meer. Ein gut ausgebauter Paseo oberhalb der Küste beginnt hier. Ich liebe meine Morgenspaziergänge. Ganz alleine, mit offenen Augen und Ohren, bin ich unterwegs. Wunderschön sind die leuchtenden Rottöne der gewaltigen Bougainvillea. Im Hafen liegen beeindruckende Yachten. Das gelbe Unterseeboot bringt die ersten Touristen hinaus aufs Meer. Und ich, ich bin dann einfach glücklich.

27

Von Poitiers nach Chartres, 29./30. Juni 2015

Um halb neun am Morgen ist die Luft in Poitiers noch angenehm frisch. Tankwagen mit Wasser fahren durch die Stadt, besprühen und reinigen die Straßen, bevor sich die Hitze bleiern über den Ort legen wird.

In einer Boulangerie frühstücken wir. Es ist wie gestern. Der *Café au lait* wird in Pappbechern serviert, mit einem Holzstäbchen zum Einrühren des Zuckers. Das Croissant liegt auf einer Serviette, alles zusammen auf einem Tablett wie bei McDonald's. Wo ist sie hin, die französische Esskultur, das berühmte »savoir vivre«, auf das eine ganze Nation so stolz war? Uns fällt nicht zum ersten Mal auf, dass sich in diesem Land viel verändert hat. Und nicht gerade zum Besseren.

Die Strecke haben wir auch heute mit der Option »ohne Maut« ins Navi eingegeben. Wir wollen die rund zweihundertzwanzig Kilometer bis Chartres auf der Landstraße zurücklegen. Wie sich schnell herausstellt, ist die Entscheidung richtig.

Die Tour führt uns durch eine flach bis leicht hügelige Landschaft. Über weite Abschnitte sind die Straßen kaum befahren. Wir kommen vorbei an riesigen Flächen mit leuchtend gelben Sonnenblumen, an goldenen Kornfeldern und dunkelgrünen Weinanbaugebieten. Darüber der tiefblaue Sommerhimmel mit ein paar verwischten Wolkenschleiern. Nichts engt den Blick bis zum Horizont ein. Es macht mich ganz ruhig, so weit in die Ferne schauen zu können.

Die Felder rechts und links der Straße werden mithilfe weit ausgreifender Bewässerungssysteme besprüht. Morgen wird hier die Hitzewelle ankommen und

Temperaturen bis achtunddreißig Grad mit sich bringen.

Einzig die Dörfer, die wir durchqueren, sind nach wie vor deprimierend. Halb verfallen, heruntergekommen, Bäcker und Fleischer geschlossen, um elf Uhr morgens kein Mensch auf der Straße. Es scheint, als wären die Häuser verlassen, wären da nicht die sauberen Gardinen an den Fenstern und die Autos am Straßenrand.

Das *Hôtel Première Classe Chartres Barjouville* liegt zu unserer Überraschung in einem Industriegebiet. Auf den Bildern im Internet war das nicht zu sehen, aber wen wundert's? Jetzt um diese Zeit ist die Rezeption in dem Neubau nicht besetzt. Am Automaten neben dem Eingang können wir einchecken.

Das Zimmer erinnert sehr an ein Ibis-Hotel, ist nur noch kleiner und die Ausstattung noch reduzierter. Weniger wäre kein Hotelzimmer mehr. Macht aber nichts. Für lediglich eine Übernachtung scheint mir das kein Problem zu sein. Eine Einschätzung, die leider etwas zu optimistisch ist, wie sich herausstellen wird.

In einer kleinen Gaststätte in der Nähe essen wir zu Mittag. Erst durch die Speisekarte realisiere ich, dass sich das *Léon de Bruxelles Chartres* auf Muscheln und Meeresfrüchte spezialisiert hat. Wer's mag, kommt sicherlich auf seine Kosten. Für Leo ist die Auswahl nicht schwierig. Ich dagegen lese die Speisekarte rauf und runter. Selbst das Rührei ist mit Muscheln angereichert. Habe ich schon erwähnt, dass ich Meeresfrüchte nicht mag? Nun gut, schließlich lande ich bei belgischen Pommes frites. Sehr gesund ist das alles nicht. Normalerweise achten wir sehr auf eine ausgewogene Ernährung, möglichst mit Lebensmitteln aus biologischem Anbau. Aber jetzt, auf der Reise, geht das natürlich nicht, da müssen wir uns ein wenig behelfen.

In Chartres stellen wir um halb sechs das Auto in einer

Tiefgarage an der Kathedrale ab. Die Fahrt vom Hotel hierher hat etwa zehn Minuten gedauert. Inzwischen ist es richtig warm geworden, über dreißig Grad.

Die beiden unterschiedlichen Türme der *Cathédrale Notre-Dame de Chartres* sind nicht zu übersehen. Diese Kirche wirkt fast ein bisschen zu groß für das Städtchen. Durch das Hauptportal betreten wir den Innenraum. Erfrischende Kühle hüllt uns ein. Und die Mauern verströmen nicht den klassisch-muffigen Kirchengeruch. Sehr angenehm.

Langsam schlendern wir über die glänzenden Pflastersteine. Meine Augen versuchen möglichst viele Details dieser gotischen Kirche zu erfassen, die im Wesentlichen zwischen 1194 und 1220 erbaut wurde. Ich sehe hohe Kreuzgewölbe, Figuren aus Stein, prächtige Altäre und jede Menge Fenster in leuchtenden Farben. Diese Glasmalereien, in vorwiegend blauer Kolorierung, sind die größten Schätze der Kathedrale. Von den hundertsechsundachtzig Fenstern befinden sich hunderzweiundfünfzig im Originalzustand. Die restlichen entstammen einer Restaurierungsphase aus der Zeit um 1753. An einigen Stellen im Kirchenraum stehen hohe Baugerüste. Ich kann mir gut vorstellen, dass an einem so alten Gebäude ständig Erhaltungsarbeiten durchgeführt werden müssen.

Nach dem Verlassen der Kathedrale kommt mir die Luft draußen besonders warm vor. Aber egal, wir wollen noch ein bisschen vom Ort sehen. Wir laufen durch die Altstadt mit ihren vielen kleinen Läden. Wie schon in Poitiers stehen die Namen in altmodischen, geschwungen Schriften über den Eingängen.

In einem kleinen Lebensmittelladen kaufen wir bei zwei alten Damen etwas zum Abendessen ein. Wasser, eine Flasche Wein, etwas Käse, Tomaten und Obst. Keine Selbstbedienung, wie sonst überall. Dafür werden wir werden sehr freundlich bedient und, wie sich später im

Hotel herausstellt, sehr freundlich übers Ohr gehauen. Die Äpfel sind verschrumpelt, die Paraguayo ist faul, die Kirschen zur Hälfte ungenießbar. Finde ich nicht sehr nett. Meine innere »Frankreich-Negativliste« ist in den letzten Tagen recht umfangreich geworden. Ich bin nicht böse drum, morgen dieses Land zu verlassen.

28

Lanzarote, Juni 2012

Gestern waren wir im Supermarkt. Regelmäßiger Einkauf wie üblich. Eines war diesmal aber anders: Auf dem Laufband an der Kasse stand neben Butter, Waschpulver und was man sonst noch so braucht eine große Packung Katzenfutter. Warum? Nun, wir haben unsere Ernährungsgewohnheiten umgestellt ... nein, nein, Spaß beiseite. Der Grund ist ein anderer: Vor ein paar Tagen hat uns ein kleiner Kater adoptiert. Irgendwann stand er plötzlich vor uns und gab uns lautstark und nachdrücklich zu verstehen, dass er hungrig sei. Der Frequenz und Ausdauer nach sogar *sehr* hungrig. Wer Katzen kennt, der weiß, wie kläglich sie Miauen können ...

Also, kurz und gut, als erste Notfallmaßnahme für das Hungeropfer haben wir unsere Wurst mit ihm geteilt, ihn ein bisschen gekrault und gedacht, dass er sich jetzt, frisch bei Kräften, wieder nach Hause trollt. Was wir nicht bedacht hatten: In den Augen des Katers war *unser* Zuhause jetzt *sein* Zuhause.

Seit Neuestem stehe ich um halb sieben auf. Dann wird es hier auf Lanzarote hell und Micki (ja, er hat natürlich auch schon einen Namen!) steht vor der Tür und verlangt nach einem Frühstück und ein paar ausgiebigen Streicheleinheiten (genau in dieser Reihenfolge selbstverständlich). Nachts ist er draußen und geht seinen eigenen Interessen nach. Pünktlich zum Sonnenaufgang kommt er dann nach Hause – zu uns.

Micki ist ein lieber kleiner Kerl. Anhänglich, verspielt, läuft hinterher wie ein kleiner Hund, und an den Möbeln kratzt er auch nicht.

Natürlich hat er inzwischen seine eigenen Futterschalen, natürlich ist dieses Katzenbuffet ständig mit Futter gefüllt. Er schläft am liebsten auf meiner Yogamatte (unter dem Sofa) oder auf dem einzigen Sessel und dort am allerliebsten auf meinem Schoß oder auf dem Bauch meines Mannes.

Er hat sich seinen Platz in unserem Haushalt und in unseren Herzen im Sturm erobert. Wir sind ganz verliebt in dieses kleine Fellknäuel.

Micki schläft. Micki schläft gerne und oft und intensiv. Micki schläft ganz leise, schnarcht nicht, macht nicht viel Aufhebens, kuschelt sich einfach in seine Decke und verschwindet ins Land der Träume.

Wenn ich ihn dann so ansehe, frage ich mich, was dieser kleine Kater im Traum jetzt wohl treibt? Die Pfoten bewegen sich, als würde er laufen, die Barthaare zucken heftig, der Schwanz geht hin und her ...

Strolcht er einfach herum, gibt ein bisschen an, schnüffelt hier, schnüffelt da ...?

Oder setzt er sich mit seinen Katzenfreunden auseinander und muss sehen, dass er aus einer brenzligen Situation heraus kommt?

Oder wird Micki im Schlaf etwa zum wilden, mutigen, starken Raubtier, zum Tiger von Puerto Calero?

Keine Ahnung. Vielleicht träumt er auch nur vom nächsten Fressen. Das halte ich insgeheim für am wahrscheinlichsten, denn so richtig gefährlich sieht er in seiner Decke ja doch nicht aus. Dafür aber unglaublich niedlich.

29

Von Chartres nach Gent, 30. Juni/01. Juli 2015

Die Nacht war nicht sehr erholsam. Als ich aufwache, tun mir alle Knochen weh. Die Matratze war für mich viel zu hart, aber ich bemühe mich, nicht zu jammern. Der Standard dieses Hotels ist mir entschieden zu gering. An allem ist gespart worden. Es gibt keinen Föhn, keine vernünftige Abschirmung der Dusche und eben auch keine Matratzenauflage. Es ist nicht so sehr das Problem, dass es mir an Komfort mangelt, sondern dass ich für diese Kategorie der Übernachtung definitiv zu alt bin. Oder anders ausgedrückt: Mit zunehmendem Alter hört Luxus auf, Luxus zu sein, zumindest wenn man eine schmerzfreie Nacht verbringen möchte.

Die beiden Restaurants in der Nähe des Hotels sind noch geschlossen. Ein Café oder Bistro können wir nicht auftreiben. In Sichtweite entdecken wir ein großes Einkaufszentrum. Wir hoffen, dort frühstücken zu können. Fehlanzeige. Die Ladenpassage ist noch nicht geöffnet. Also zurück zum Hotel. Dort bekommen wir zumindest den inzwischen vertrauten schlechten Kaffee. So richtig gut fängt der Tag nicht an.

Paris wollten wir eigentlich großzügig umfahren. Als plötzlich der Eiffelturm in der Ferne erkennbar ist, ahnen wir, dass da etwas gründlich schief läuft. Und tatsächlich, das Navi führt uns mitten durch die Metropole. Da haben wir wohl bei der Eingabe der Route nicht richtig aufgepasst. Es geht eine Stunde Stop-and-go hinein in die Großstadt und ebenso Stop-and-go wieder hinaus. Trotz Maut ist die gesamte Strecke extrem stark befahren, und wir stecken immer wieder fest. Von den unglaublich vielen Lkws auf der Autobahn fühle ich mich unangenehm bedrängt. Eingequetscht wie ein kleiner Floh bewegt sich unser Panda zwischen den Lastern. Wenn das der normale Wochentagsverkehr ist, na, dann danke. Leo bleibt bewundernswert cool. Ich sitze neben ihm und mache Atemübungen zur Entspannung. Statt der geplanten vier brauchen wir sechs Stunden bis nach Gent.

Um Viertel nach drei kommen wir endlich in der belgischen Stadt an. Ich fühle mich ausgepowert von der nervlichen Belastung und bin gleichzeitig ungeheuer erleichtert, die Fahrt ohne Unfall überstanden zu haben.

Zu meiner großen Freude ist das Hotel *Castelnou Aparthotel* total schön. Modernes Ambiente, ein Schlafzimmer, Wohnzimmer mit eingebauter Küchenzeile und ein modernes Bad. Als Erstes prüfe ich die Matratze und bin beruhigt. Sie scheint weich, aber auch nicht *zu* weich zu sein. Kuschelig eben. Sei gegrüßt, schmerzfreie Nacht!

Ich öffne das Fenster und sehe in einen hübsch begrünten Innenhof. Zwei Tische auf der geschmackvollen Terrasse sind besetzt. Statt Straßenlärm höre ich das ruhige Gemurmel der Gäste. Langsam fällt der Stress von mir ab.

Leider ist es schon relativ spät. Wir halten uns nicht lange im Zimmer auf und gehen zu Fuß Richtung Zentrum. Unglaublich viele Radfahrer sind auf den Straßen unterwegs. Aus dem Nichts tauchen sie fast lautlos aus allen Richtungen auf. Stadtverkehr mit so vielen Zweirädern sind wir nicht mehr gewohnt. Unsere Wahrnehmung ist noch nicht auf Fahrräder eingestellt. Wir müssen sehr aufpassen, dass wir nicht über den Haufen gefahren werden.

Gut zehn Minuten später sind wir mitten in der Altstadt. Inzwischen bewegen sich die Temperaturen schon wieder um die dreißig Grad. Eigentlich sind wir ein bisschen erschöpft, aber Gent ist so bezaubernd, dass wir gar nicht genug sehen können, immer wieder noch mal durch eine andere Straße flanieren. Die Häuser, das Leben auf den Straßen, die Cafés, die Boote auf dem Wasser, die gesamte Atmosphäre ist bestrickend schön. Vor einer großartigen historischen Kulisse spielt sich der normale Alltag der Einwohner ab. Und über allem strahlt ein wolkenloser blauer Himmel. Die anstrengende Autofahrt habe ich schnell vergessen. Ich freue mich bei jedem Schritt an dieser hinreißenden Stadt.

Auch Gent kann eine Kathedrale vorweisen, die wir aber nur von außen ansehen. Wir haben inzwischen so viele Kathedralen bestaunt, dass unser Interesse daran schwer nachgelassen hat. Selbst die Tatsache, dass die *St.-Bavo-Kathedrale* die Taufkirche Kaiser Erichs V war und als ein architektonisches Juwel der Stadt gilt, kann uns nicht motivieren, sie näher in Augenschein zu nehmen. Wir interessieren uns mehr für die Menschen und das quirlige Treiben auf den Straßen, ein Flair, das uns an den Süden erinnert und in dem wir uns auf Anhieb wohlfühlen.

Auf unserem Weg kreuz und quer durch die Innenstadt stehen wir plötzlich vor einer alten Ritterburg wie aus einem Film. Mitten im Zentrum am Ufer der Leie liegt *Gravensteen*, die Burg der Grafen von Flandern. Sie ist eine der größten Wasserburgen Europas, erbaut etwa 870. Mit ihren dicken Mauern, den Türmen und Balustraden, ist sie schon sehr imposant.

Wir ziehen weiter am Fluss entlang und erreichen nach ein paar Minuten den *Appelbrugparkje*. Viele junge Leute sitzen und liegen auf den Wiesen am Wasser. Manche lesen, andere unterhalten sich und wieder andere träumen vor sich hin. Der Blick auf die *Große Fleischerhalle* und den renovierten *Alten Fischmarkt* ist von hier aus grandios. Gegenüber dem Park liegt das *Design Museum Gent*. Eigentlich würde ich es mir gerne ansehen. Aber nicht heute, das wird zu viel. Ich denke, wir werden das irgendwann nachholen, denn Gent gehört zu den Städten, die wir unbedingt, mit etwas mehr Zeit im Gepäck, noch einmal besuchen müssen.

Meine Freundin Christa würde ihren Eindruck von Gent wahrscheinlich so zusammenfassen: »Ja, wie toll ist das denn!?«

Und damit ist alles gesagt.

30

Teneriffa, Oktober 2012

Jetzt sind wir also auf Teneriffa. Nach La Palma und Lanzarote ist dies die dritte der sieben Kanarischen Inseln, auf der wir eine Weile leben und arbeiten werden.

Teneriffa hat alles, was ich auf Lanzarote zunehmend vermisst habe: Bäume, Blumen, Wasser, einladende Straßencafés und, als Zugabe, ganz besonders liebenswürdige und weltoffene Einwohner. Was ich sehe, gibt mir neue Energien und den Mut, auf diesem unsicheren Weg weiter zu gehen. Ja, ich bin gerne hier – zumindest im Augenblick. Vielleicht bin ich sogar endlich angekommen ... wir werden sehen.

Traurig sind immer wieder die Trennungen. Auch auf Lanzarote haben wir uns von lieb gewonnenen Freunden verabschieden müssen. Ich hoffe, dass ein paar Kontakte die geografische Entfernung überstehen. Wenn man so lebt wie wir, muss man halt das Loslassen lernen. Und das ist nicht immer ganz einfach.

Am meisten schmerzt es uns, dass wir auch unseren Kater Micki zurücklassen mussten. Rein egoistisch betrachtet hätten wir ihn natürlich liebend gerne und ohne zu zögern mitgenommen. Aber wir haben sehr lange darüber nachgedacht und uns bemüht eine Lösung zu finden, die vor allem *seinen* Bedürfnissen Rechnung trägt. In Lanzarote hat er als Freigänger sein Revier, seine Freiheit, seine Leute, die er regelmäßig besucht. Den Umzug in eine Etagenwohnung nach Teneriffa wollten wir ihm da nicht zumuten. Jetzt kümmern sich liebe Nachbarn um ihn. Wir glauben, hoffen, dass diese Entscheidung richtig war. Aber traurig sind wir trotzdem, und ich kann immer noch nicht an meinen kleinen Micki denken, ohne zu weinen. Das werden viele albern finden, ich weiß. Aber es ist eben so.

Unsere beruflichen Aktivitäten waren nur zum Teil erfolgreich. Unsere große Hoffnung, die neue Plattform für eBooks und noch unbekannte Autoren, hatte sich in dem Moment erledigt, als Amazon mit seinem Angebot für Selfpublisher an den Start ging. Viel Arbeit für die Mülltonne also, wie schon so oft. Dafür hat mein Mann sein neues Buch relativ gut verkauft, und meine Bücher bringen auch ein bisschen was ein. Trotzdem, ein richtiges, zuverlässiges Standbein haben wir noch immer nicht.

Eine neue Etappe liegt wieder vor uns. Neue Eindrücke, neue Menschen, neue Herausforderungen – langweilig wird es so schnell nicht.

Teneriffa, Juni 2013

Die Sonne versinkt im Meer. Ihre letzten Strahlen bringen Himmel und Wasser zum Glühen. Immer noch und immer wieder bin ich von diesem Schauspiel fasziniert. Der Blick von unserer Wohnung in El Sauzal ist einfach unbezahlbar.

Unten, am hauseigenen Pool, faltet unser italienischer Nachbar Aurelio mit dem gelben Sonnenhut, der groß ist wie ein Wagenrad, das Handtuch zusammen, klemmt sich sein kleines Hündchen Donna unter den Arm, winkt noch mal freundlich zu mir herauf und geht in seine Wohnung.

Fernando, unser kanarischer Vermieter, erntet für heute die letzten Erdbeeren. Seine Früchte stehen in Behältern auf Stelzen und werden mit einer Nährlösung versorgt. Wochenlang hat er an der richtigen Mischung herumgetüftelt. Inzwischen verkauft er seine Beeren an *Fruterias* und Konditoreien.

Fernando ist ungeheuer fleißig, ein Mann in den besten Jahren. Er hat nicht nur das Mehrfamilienhaus selber gebaut, in dem wir wohnen, er ist auch Elektriker, Anstreicher, Wasserinstallateur, Flurreiniger, Poolreiniger und bewirtschaftet ganz nebenbei einen Gemüse- und Obstgarten vom Ausmaß eines Fußballfelds. Und außerdem ist er auch noch Familienvater und Mitinhaber eines Multiservice-Unternehmens.

Fernando arbeitet eigentlich ständig. Und zwar sieben Tage in der Woche. Und dabei ist er immer gut gelaunt, hat stets Zeit für ein Schwätzchen. Egal, wie viel zu erledigen ist, Vorrang haben immer die Menschen in seinem Umkreis. Dann muss die Arbeit eben ein bisschen warten, getan wird sie trotzdem. Selbst sonntags gräbt er mit schwerem Gerät den Garten um. Und spätestens dann wünschen wir uns, sein Fleiß möge auch mal erlahmen und er sich still auf ein gemütliches Sofa zurückziehen.

Seit wir auf den Kanaren sind, frage ich mich immer wieder, wer das Vorurteil in die Welt gesetzt hat, die Südländer seien faul und ganz Deutschland finanziere deren süßes Nichtstun. Ich kann sie nicht entdecken – die Faulen, die Nichtstuer, die auf Kosten anderer Lebenden. Mir zeigt sich täglich ein ganz anderes Bild.

In den Geschäften zum Beispiel. Gut, es gibt hier nach wie vor die Siesta, aber längst nicht überall, schon gar nicht in den großen Supermärkten und Kaufhäusern. Etwa zwischen eins und halb fünf ist es im Sommer unerträglich heiß, und vor allem die kleinen Läden sind dann geschlossen. Zeit für ein vernünftiges Mittagessen und ein wenig Erholung. Dafür bleiben die Geschäfte bis in den späten Abend geöffnet. Und das Wichtigste: Selbst kurz bevor der Laden schließt, wird weder geputzt noch aufgeräumt. Bis zur letzten Minute kann der Kunde sich auf eine aufmerksame und geduldige Bedienung verlassen. In Deutschland habe ich schon dreißig Minuten vor Ladenschluss kein Hackfleisch mehr kaufen können, weil »die Maschine schon gereinigt war«.

Oder das junge Mädchen, welches uns morgens im Café unseren Cortado serviert. Abends ist es immer noch da. Vielleicht etwas müder nach einem langen Tag, aber nicht weniger verbindlich. Auf die Frage, wie es ihr denn geht, sagt sie: »Ich habe Arbeit, ich habe eine Familie, ich bin gesund – mir geht es gut.« Und strahlt uns an.

Oder der Besitzer des Bioladens, den wir an einem Sonntagmorgen gut gelaunt beim Radfahren treffen. Ab mittags wird er genauso gut gelaunt für den Rest des Tages in seinem Laden stehen und arbeiten.

Wir begegnen ihr hier immer wieder: der anderen Art, mit dem Leben umzugehen. Bescheidener, fröhlicher und, ja, oft auch menschlicher. Vielleicht ist es genau das, was fälschlicherweise den Eindruck vermittelt, die Südländer seien faul und ständig im Urlaub. Weit gefehlt! Sie machen die Dinge nur anders. Vielleicht mit etwas weniger Disziplin, dafür aber auch mit weniger Gejammer. Faul jedoch sind sie definitiv nicht!

Teneriffa, August 2013

Um mich herum knistern die Papiertüten. Es riecht intensiv nach Süßigkeiten. Die steile Treppe zum Rathaus ist dicht besetzt mit Frauen, Männern und Kindern in jedem Alter. Manche haben sich ein Kissen mitgebracht. Leo und ich sitzen einfach auf den Steinstufen. Das ist zwar ein bisschen hart, aber jetzt im Hochsommer warm genug. Alle zusammen warten wir auf die Dunkelheit. Erst dann wird die große Leinwand am Fuß der Treppe zum Leben erwachen. Kino unterm Sternenhimmel. Wir freuen uns auf *Ice Age*, natürlich in spanischer Sprache.

Endlich geht's los. Der Ton ist so laut, dass man der Handlung sicher auch noch in den umliegenden Urbanisationen mühelos folgen kann. Sprachlich verstehe ich nicht alles, das habe ich aber auch nicht erwartet. Die

Gags vermitteln sich mir auch so. Und das Größte sind ohnehin die Zuschauer. Fröhlich lachen und futtern sie sich durch den Film. Es ist eine Freude, zwischen ihnen zu sitzen, auch wenn der Po inzwischen wehtut.

Am Ende der Vorstellung löst sich die Versammlung friedlich auf. Zurück bleiben kiloweise Kürbisschalen, leere Limonadendosen, zerknitterte Chipstüten und buntes Einwickelpapier. Es war ein gelungener Abend. Und ich weiß aus Erfahrung, morgen früh wird die ehrwürdige Rathaustreppe wieder blitzeblank sein.

31

Von Gent nach Münster, 01./02. Juli 2015

Die Reise nähert sich dem Ende. Wir sind auf dem Weg über Eindhoven (Holland) nach Münster in Westfalen. Wir haben diese Strecke gewählt, um nicht auf der stark befahrenen Nord-Süd-Autobahn in Deutschland unterwegs sein zu müssen. Wenn wir Holland verlassen, werden wir vier Länder passiert haben. Dank der nicht mehr vorhandenen Grenzkontrollen in Europa ist das kein Thema.

Das Navi schleust uns mitten ins Zentrum von Antwerpen und verliert dann ein wenig den Überblick. Wir auch. Irgendwann stehen wir nach der Aufforderung, doch jetzt links abzubiegen, auf Straßenbahngleisen. Es ist nicht so einfach, aus dem Gewusel und den vielen Einbahnstraßen herauszufinden. Was ich auf dem Weg so sehe, ist Antwerpen eine schöne Stadt. Interessiert mich aber im Moment nicht wirklich, ich will hier raus!

Vor uns fährt ein Van mit deutschem Kennzeichen. Er scheint, genau wie wir, die Autobahn Richtung Eindhoven zu suchen. Offensichtlich verlässt er sich auch auf sein Navi, das mit dem gleichen Kartenmaterial zu arbeiten scheint wie unseres. Jedenfalls fährt er dieselbe Strecke, dreht an denselben Punkten um und passiert dieselben kleinen Straßen, die nicht zum Ziel führen.

Gut, irgendwann ist auch das geschafft. Dafür bleibt uns die Passage durch Eindhoven erspart. Beim Vorbeifahren werden Erinnerungen in mir wach.

Die Stadt liegt nicht weit von Aachen entfernt, wo ich zur Schule gegangen bin und studiert habe. In meiner Freizeit war ich meistens mit einer großen *Clique* zusammen. Es war die Zeit der Feste und ersten

Beziehungen – eine Zeit randvoll mit Plänen, Hoffnungen und Gefühlen. Freude und Leid lagen damals dicht beieinander. Eindhoven gehörte zu den Städten, in die wir öfter einen Ausflug machten. Holland galt damals als viel fortschrittlicher als Deutschland. Wir rauchten den *Javanse Jongens* in selbst gedrehten Zigaretten, liebten die holländischen Fleischkroketten mit der knusprigen Panade. Die Menschen auf den Straßen sahen cooler aus, man konnte preiswertere und modischere Kleidung kaufen und die Discos waren sowieso das Größte ...

Je näher wir der Landesgrenze kommen, desto voller wird die Autobahn. Und dann gibt es keine Geschwindigkeitsbegrenzung mehr, wir sind in Deutschland. Die Autobahn durch das Ruhrgebiet ist voll und stressig. Ich denke voller Sehnsucht an die Straßenverhältnisse in Südspanien zurück. Sind wir erst vor knapp zwei Wochen dort gewesen? Es kommt mir viel, viel länger vor.

Wir haben uns auch für unsere letzte Übernachtung für das inzwischen vertraute *Ibis* entschieden. Es liegt preislich innerhalb unseres Reisebudgets, und wir können die historische Altstadt Münsters von hier aus bequem zu Fuß erreichen. Mit seiner Glasfassade sieht das Haus von außen sehr modern aus, von innen ist es ein typischer Vertreter dieser Hotelkette. Einzige Besonderheit: Das Auto wird per Fahrstuhl in die Tiefgarage gebracht. Wie in allen historischen Innenstädten gibt es auch in Münster wenig Platz zum Parken.

Das erste Mal sprechen wir beim Einchecken deutsch. Seltsam vertraut und trotzdem fremd. Wir verstauen unser Gepäck und ziehen gleich wieder los.

Auf dem Weg Richtung Zentrum durchqueren wir den Grüngürtel der Stadt. Wo früher die Stadtmauern waren, verläuft heute die *Promenade*: Eine doppelreihige Lindenallee umschließt mit viereinhalb Kilometern Länge die gesamte Altstadt. Auf den Rasenflächen rechts und links sitzen und liegen vorwiegend junge Leute und genießen diesen Bilderbuch-Sommertag. Wir sind unübersehbar in einer Studentenstadt. An jeder Ecke gibt es kleine Cafés, Kneipen und ansprechende Läden. Die spürbar lässige Atmosphäre gefällt mir.

Münster ist, mehr noch als Gent, eine Stadt der Radfahrer. Sie sind einfach überall, fahren kreuz und quer. An jedem Platz sind unzählige Räder abgestellt. Mehr als ein Mal hält mein Mann mich zurück, damit ich nicht mit einem Rad zusammenstoße. Ich komme mir vor wie ein Landei, das zum ersten Mal in der großen Welt unterwegs ist.

Wir kommen zu Münsters »guter Stube«, dem *Prinzipalmarkt.* Die Stadt wurde im Zweiten Weltkrieg stark zerstört. Danach ist sie im alten Stil wieder aufgebaut worden. Und ich muss sagen: Das Panorama ist toll!

Die alten Giebelhäuser rechts und links der Straße säumt ein durchgehender Bogengang mit exklusiven kleinen Läden, Boutiquen und Cafés. Ich bestaune das historische Rathaus mit der ungewöhnlichen Fassade. Hier wurde im Jahr 1648 nach dem Dreißigjährigen Krieg der Westfälische Friede geschlossen. Der Friedenssaal ist noch komplett erhalten und kann besichtigt werden. Sicher wäre das sehr interessant, aber leider fehlen uns heute die Zeit und auch ein wenig die Energie. Aber wir sind bestimmt nicht zum letzten Mal in Münster.

Es ist heiß, und wir sind durstig. Wir suchen uns ein Café im Schatten unter den Arkaden. Bei einem köstlichen Eiskaffee und einem großen Glas Wasser schauen wir eine Weile den vorbei schlendernden und radelnden Leuten zu. Aber dann sind wir doch zu neugierig auf diese erste deutsche Station unserer Reise. Also raffen wir uns auf und bummeln weiter.

Münster ist zauberhaft. Bisher habe ich diese Stadt nur

mit einem Schauplatz der Tatort-Serie im Fernsehen verbunden, den einzigen Folgen, die ich mir ansehe. Von der Stadt selber hatte ich keine Vorstellung, sie hat mich auch nie besonders interessiert. Wenn wir nicht beschlossen hätten, den Weg von Gent nach Schwerin noch mal mit einer Übernachtung zu unterbrechen, wären wir sicher auch nicht hier gelandet. Und das wäre schade gewesen.

Ich liege im Bett und schaue genau in den Vollmond. Viele Gedanken gehen mir durch den Kopf. War die Entscheidung richtig, zurück nach Deutschland zu gehen? Bis jetzt ist alles noch wunderbar. Wir sehen viel, haben durchgehend tolles Wetter, sind noch weit entfernt vom Alltag. Morgen werden wir am Ziel unserer Reise, in Schwerin, ankommen. Erst dort wird sich im Laufe der nächsten Monate zeigen, ob wir auf dem richtigen Weg sind.

32

Teneriffa, Silvester 2014

Nur noch eine halbe Stunde bis zum Jahreswechsel. Leo und ich bummeln zusammen mit unserem Besuch aus Deutschland durch Puerto de la Cruz. Am Hafen wollen wir uns das Feuerwerk ansehen.

Der eigentliche Jahreswechsel wird traditionell in Abendkleidung auf der Straße gefeiert. Vorher trifft man sich zu einem Essen mit Freunden oder der Familie. Je näher die Zeiger der Uhr auf die »Zwölf« rücken, desto mehr bevölkern festlich angezogene Menschen die Straßen.

Die Mädels haben sich in Schale geworfen, tragen stylische Kleider in jeder Länge und abenteuerlich hohe High Heels. Nicht jede kann darauf gut laufen, aber das ist offensichtlich nicht so wichtig. Dazu ein ausdrucksvolles Make-up, glitzernder Schmuck und kunstvoll gelockte oder aufgesteckte Haare. Sie alle sehen hübsch und sexy aus. Und auch die Männer haben zur Krawatte oder Fliege gegriffen, stecken in Anzügen und haben sich richtig fein gemacht.

Von der *Plaza del Charco* mitten in der Stadt erklingen heiße Rhythmen. Fünf Musiker stehen auf der extra aufgebauten Tribüne und bearbeiten voller Energie ihre Instrumente. Auf dem Platz davor wird bereits getanzt. Niemand ist betrunken, die Stimmung ist gut.

An der Hafenmauer finden wir noch ein freies Plätzchen. Leo nimmt eine Flasche Sekt, Kelche aus Plastik und für jeden von uns zwölf Weintrauben aus dem Rucksack. Um Mitternacht, zum Takt der Glockenschläge, werden wir eine Glückstraube nach der anderen verspeisen. Der Brauch sagt, dass es Glück und Wohlstand im nächsten Jahr bringen wird, wenn man es schafft, alle Trauben rechtzeitig mit den Glockenschlägen zu schlucken.

Es ist Mitternacht. Aus allen Richtungen läuten die Kirchturmuhren. Bunte Raketen explodieren am Nachthimmel und regnen glitzernde Funken zur Erde. Um uns herum knallen die Sektkorken. Wir vier sind eifrig mit dem taktgenauen Essen der Trauben beschäftigt. Gar nicht so einfach. Die Schläge der Uhren gehen ein wenig in dem allgemeinen Trubel unter. Wir verlieren den Überblick beim Zählen.

Es herrscht eine fröhliche, ausgelassene Stimmung auf dem Platz. Wie alle anderen trinken wir unseren Sekt, unterhalten uns und fühlen uns wohl in dieser friedlichen Gemeinschaft.

Das Fest wird noch bis zum Morgengrauen auf der Straße weiter gehen. Wir gehen etwas früher ins Bett.

Teneriffa, Januar 2015

»Ist das nicht ein wundervoller Blick, Leo?«

Ein makelloser blauer Himmel spannt sich über das Meer und die Stadt. Der *Teide*, mit mehr als 3700 Metern der höchste Berg Spaniens, trägt eine Mütze aus Schnee. Am Strand liegen die Touristen in der Sonne. Winter auf Teneriffa.

»Ja, überleg's dir gut: Willst Du das wirklich alles aufgeben?«

Wie jeden Sonntag sitzen wir mit Zeitung und Cortado im Café. Heute haben wir uns für den *Taoro-Park*, oberhalb von Puerto de la Cruz entschieden.

»Ach, ich weiß auch nicht«, sage ich und ziehe meine Jacke an. Im Schatten unter dem grünen Sonnenschirm ist es mit schätzungsweise achtzehn Grad noch etwas frisch. Die Zeiten, in denen ich mich über die Winterkleidung und

Stiefel der kanarischen Damen amüsiert habe, sind lange vorbei. Inzwischen bin auch ich so weit akklimatisiert, dass ich bei Temperaturen unterhalb von zweiundzwanzig Grad friere. Und Stiefel habe ich selbstverständlich auch an den Füßen.

»Natürlich finde ich das alles toll. Aber ich langweile mich auch sehr. Mir fehlen neue Eindrücke, neue Aufgaben. Man kann sein Leben doch nicht damit verbringen, aufs Meer zu schauen. Auch nicht, wenn es noch so schön ist. Die wenigen Möglichkeiten, die wir haben, sind auf Dauer einfach unbefriedigend.«

Leo legt die Zeitung zur Seite. »Du fühlst Dich also nicht mehr wohl hier.«

»Stimmt. Ich habe den Eindruck, wir stecken in einer Sackgasse fest. Wir werden lahm und müde. Uns fehlen Eindrücke. Unsere Kreativität geht langsam aber sicher den Bach hinunter.«

Leo nickt mit dem Kopf. »Du weißt, dass ich gerne in Spanien lebe. Ich mag die Menschen hier, ihre Art, mit dem Leben umzugehen. Ich mag auch das Wetter, die Wärme, die Sonne. Aber ich muss zugeben, dass Du nicht so ganz unrecht hast. Und genau genommen können wir uns dieses luxuriöse Rentnerdasein auch gar nicht leisten. Auf den Inseln gibt es für uns keine Arbeit. Unsere Rücklagen sind bald aufgebraucht. Wir werden von der Entwicklung neuer Ideen und Projekte leben müssen. Und da ist der Input hier eher dürftig. Da muss ich dir leider zustimmen.«

An diesem Sonntag sitzen wir länger als gewöhnlich im Café. Wir sprechen über die Erfahrungen der letzten Jahre, über unsere Wünsche, Erfolge, Enttäuschungen und Optionen. Auch eine Rückkehr nach Deutschland ziehen wir in Erwägung.

Als wir aufbrechen, sind wir sehr verunsichert. Wir werden uns in der nächsten Zeit noch oft mit dem Thema auseinandersetzen müssen. Wie es scheint, ist es bald wieder einmal Zeit zu gehen.

33

Von Münster nach Schwerin, 02. Juli 2015

So früh am Morgen sind die meisten Geschäfte in der Innenstadt noch geschlossen. Aber wir finden eine ansprechende Bäckerei, in der wir frühstücken können. Es ist nett hier, ruhig und beschaulich. Am Tisch nebenan studiert ein älterer Herr die Tageszeitung. Im Hintergrund läuft ganz leise Musik. Der Kaffee ist hervorragend, das Croissant französischer als in Frankreich. Wir trinken aus Tassen, essen von Tellern und haben richtiges Besteck. Die belegten Brötchen in der Auslage sehen so appetitlich aus, dass wir uns gleich mit Proviant für die Fahrt versorgen. Ich hätte nicht erwartet, dass es die besten Sandwiches unserer Reise ausgerechnet in Münster gibt. Die spanische *Peninsula* mit ihren Bocadillos und Frankreich mit den berühmten Baguettes waren dagegen echt enttäuschend.

Das schöne Wetter bleibt uns treu. Die Autobahn ist gut befahrbar, wird Richtung Osten immer leerer. Irgendwann erscheint das erste Schild mit der Aufschrift *Schwerin*. Langsam wächst die Anspannung. Wir kennen diese Stadt nicht wirklich. Im März waren wir eine Woche da, um sie in Augenschein zu nehmen und als möglichen neuen Wohnort zu testen. Damals wurden gerade Stiefmütterchen im Schlosspark gepflanzt. Die Bäume waren alle noch kahl, die Rosenstöcke mit Säcken umhüllt. Man brauchte schon etwas Fantasie, um sich das Ganze im Sommer vorstellen zu können. Aber die vielen Seen, die Nähe zur Ostsee, die wunderschön restaurierten Häuser und nicht zuletzt die freundlichen Menschen hatten uns gut gefallen. Wird Schwerin unserem positiven Eindruck von damals auch jetzt noch standhalten?

Wir verlassen die Autobahn und nähern uns auf

kleineren Straßen dem Ziel. Neugierig schaue ich aus dem Seitenfenster. Endlich wieder eine flache, weite Landschaft ohne steile Berge und Serpentinen! Als wir durch die erste Allee fahren, ist auch mein Mann begeistert. Hier gibt es sie noch, die wunderschönen alten Straßen mit den hohen Bäumen, die das Sonnenlicht filtern. Auf dem vielfach geflickten Straßenbelag formt das Licht ein ständig wechselndes Muster. Rechts und links erstrecken sich goldene Getreidefelder bis zum Horizont. Die großen, zusammenhängenden Ackerflächen geben der Gegend etwas Großzügiges, fast Majestätisches, wie man es nur selten findet.

Wir passieren einen der vielen Seen. Die Landschaft bezaubert mich, lässt mich ganz ruhig werden. Ein Gefühl von Frieden und Freiheit macht sich in mir breit. Bei mehr als einer Ortsdurchfahrt holpern wir über altes Kopfsteinpflaster. So kann man auch das Tempo der Autofahrer drosseln: Kopfsteinpflaster statt künstlicher Bodenwellen – nicht dumm!

Und endlich sind wir da. Die goldenen Kuppeln des Schweriner Schlosses glänzen in der Sonne. Bis zu unserer Unterkunft ist es nicht mehr weit. Für die nächsten sechs Monate werden wir in einer Ferienwohnung leben, Schwerin entdecken und, wenn es uns gefällt und auch Schwerin uns mag, nach einer festen Wohnung suchen. Und dann, erst dann werden wir wissen, ob wir die richtige Entscheidung getroffen haben. Es liegt also eine spannende Zeit vor uns – wieder einmal.

Anhang

Die Route

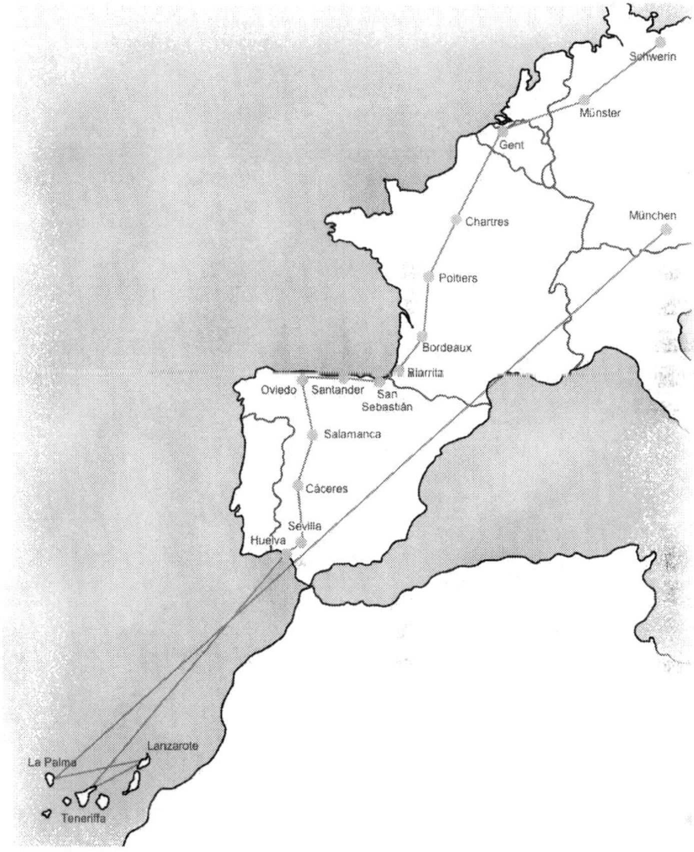

Impressionen von La Palma

Los Cancajos befindet sich auf der Ostseite La Palmas, zwischen der Hauptstadt Santa Cruz de La Palma und dem internationalen Flughafen. Hier der Blick auf Santa Cruz.

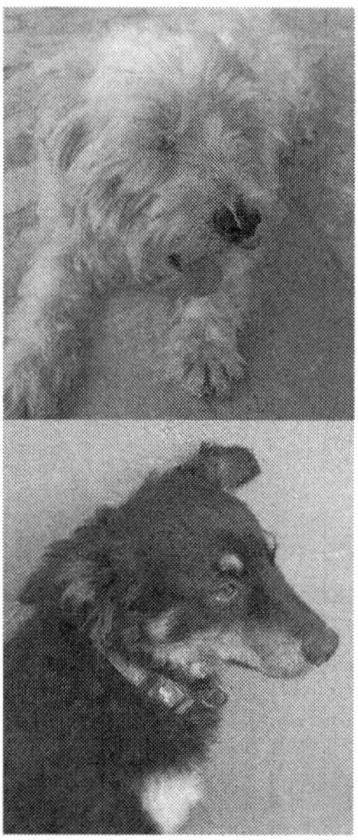

Frida und Pito, unsere treuen Begleiter für ein Jahr.

Im Nationalpark Caldera de Taburiente in der Mitte der Insel.

Der Garten unserer ersten Wohnung im Westen der Insel in Tajuya.

Schwarzer Strand und bunte Häuser in Puerto de Tazacorte.

Die Inselhauptstadt Santa Cruz auf der Ostseite.

Observatorien auf dem Roque de los Muchachos, 2426 Meter hoch.

Blick auf den Vulkan Teneguia an der Südspitze.

Ein Drachenbaum in der Nähe von Puntagorda im Norden.

Impressionen von Lanzarote

Ankunft mit dem alten Saxo auf Lanzarote an der Ferienwohnung in Yaiza.

In Punta Mujeres und Arrietta »parken« die Boote auf dem Bürgersteig.

Die Messe zu Ehren der »Nuestra Señora del Carmen« in der Kirche von Punta Mujeres.

Vom einzigen Hochhaus in Arrecife hat man einen tollen Blick über die Stadt.

In der Nähe von Yaiza leuchten die »Feuerberge« in der Abendsonne.

Der »Mirador del Rio« von César Manrique mit dem Blick auf La Graciosa.

Die Nachbarinsel Fuerteventura ist von der Wohnung in Macher bestens zu sehen.

Der Morgenspaziergang vorbei am Yacht-Hafen in Puerto Calero ist ein Vergnügen.

Am Hafen ist die Touristenhochburg Puerto del Carmen fast noch romantisch.

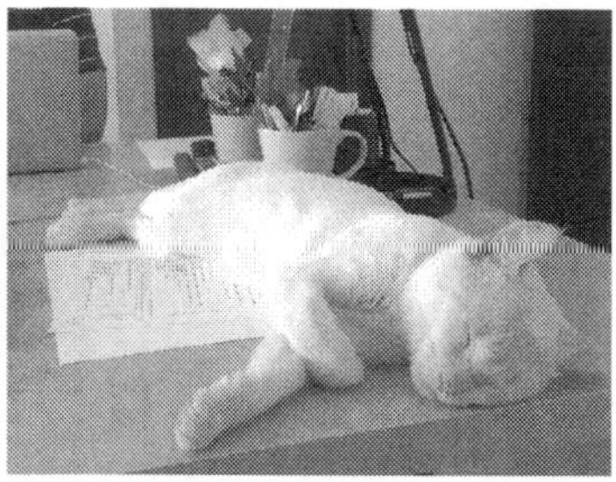

Micki – unser Sonnenscheinchen auf seinem Lieblingsplatz.

Der Calima hat extrem hohe Temperaturen und gelben Sand aus Afrika im Gepäck.

Ein Ausflug im Frühling mit den Teilnehmern des Sprachkurses in den grünen Norden.

Impressionen von Teneriffa

Unser neues Zuhause liegt am wohl schönsten Küstenabschnitt mit Blick auf den Teide.

Einzigartig ist der Meerblick von der Terrasse unserer kleinen Wohnung.

Mit unglaublicher, faszinierender Kraft tobt im Winter das Meer.

Für die abenteuerliche Fahrt hinunter zur Costa Sauzal wird man belohnt.

Zu den Festen wird die Rathaustreppe von El Sauzal immer wieder anders bemalt.

Spektakulär sind die Sonnenuntergänge. Manchmal, so wie hier, sehen wir La Palma.

Atemberaubende Ausblicke von der Rambla de Castro bei Los Realejos.

La Orotava, eine der ältesten Ortschaften, ist berühmt für seinen großen Altstadtkern.

Überall auf den Inseln flitzen Lagartos (Eidechsen) über die warmen Steine.

Sonntagskaffee mit spanischer Zeitung im Lieblingscafé oberhalb von Puerto de la Cruz.

Playa de las Teresitas. Kokospalmen am Strand der Inselhauptstadt Santa Cruz.

Auf der Fähre nach Huelva nehmen wir Abschied vom Leben auf den Kanaren.

Impressionen von der Rückreise

Auf der Fähre nach Huelva: *Das Fenster der Kabine ist groß, die Betten sind gemütlich.*

Sevilla: *Eine sandfarbene Holzkonstruktion überspannt die Plaza de la Encarnación.*

Sevilla: *Sehr beeindruckend ist die berühmte Plaza de España.*

Huelva: *Die Stadt im Südwesten Andalusiens ist noch wenig touristisch geprägt.*

Sevilla: *Zwischen den Dächern sind Stoffbahnen als Sonnensegel gespannt.*

Cáceres: *Plötzlich stehen wir im Mittelalter. Die Altstadt ist UNESCO Weltkulturerbe.*

Salamanca: *Goldgelb leuchten die vielen imposanten Baudenkmäler der Stadt.*

Cáceres: *Bei 38 Grad sind kaum Menschen auf der Plaza Mayor.*

Salamanca: *Diese Plaza Mayor ist einer der schönsten Plätze ganz Spaniens.*

Salamanca: *Unter einem Sonnenschirm lassen wir uns köstliche »Pinchos« schmecken.*

Oviedo: *Zum ersten Mal wieder Socken. Dichte Wolken hängen über der Altstadt.*

Oviedo: *Die gepflegte Hauptstadt von Asturien liegt im Norden Spaniens.*

Oviedo: *Vor der Kathedrale bereitet sich eine Trachtengruppe auf den Auftritt vor.*

Santander: *Die Häuser haben wundervolle Fassaden, sind deutlich französisch inspiriert.*

Santander: *Entlang der Küste erstreckt sich ein großzügiger Boulevard.*

Santander: *Der Blick von der Halbinsel La Magdalena ist spektakulär.*

Durch die Berge nach San Sebastián:
Immer wieder fantastische Ausblicke.

Donostia-San Sebastián: *Ansprechende Architektur im Stil der Belle Époque.*

Donostia-San Sebastián: *Das einzigartige weiße Geländer an der Playa de La Concha.*

Biarritz: *Am Ende einer Holzbrücke liegt das Felsenriff mit der weißen Madonna im Meer.*

Biarritz: *Der Weg auf der Uferpromende hinunter zum alten historischen Fischerhafen.*

Biarritz: *Schön sind der Strand und die zerklüftete Küste.*

Bordeaux: *Die Pont de Pierre, die älteste »Steinerne Brücke« über die gelbe Garonne.*

Poitiers: *Die Universitätsstadt blickt auf eine zweitausend Jahre alte Geschichte zurück.*

Bordeaux: *Überall liegt Müll in den Gassen und es riecht nach Abfall und Urin.*

Poitiers: *»Jardin anglaise« mit alten und modernen Skulpturen, Teichen und Blumen.*

Bordeaux: *»Miroir d'Eau«, eine Pfütze in der Menschen planschen und barfuß laufen.*

Poitiers: *Die Fassaden, Plätze und Cafés der Altstadt haben Charme.*

Chartres: *Die beiden unterschiedlichen Türme der Kathedrale sind nicht zu übersehen.*

Chartres: *Die Glasmalereien sind die größten Schätze der »Cathédrale Notre-Dame«.*

Chartres: *Viele kleine Läden beleben die Altstadt aus dem Mittelalter.*

Auf dem Weg nach Gent: *Eingequetscht wie ein kleiner Floh zwischen den Lastern.*

Gent: *Die Häuser, die Boote auf dem Wasser, die gesamte Atmosphäre ist bestrickend schön.*

Gent: *Mitten im Zentrum, am Ufer der Leie, liegt die Wasserburg »Gravensteen«.*

Münster: *Eine Stadt der Radfahrer. An jedem Platz sind unzählige Räder abgestellt.*

Münster: *Alte Giebelhäuser rechts und links der Straße mit durchgehendem Bogengang.*

Münster: *Überall gibt es lauschige Plätze mit Restaurants und kleinen Cafés.*

Auf dem Weg nach Schwerin: *Das erste Schild mit der Aufschrift »Schwerin«.*

Vor Schwerin: *Eine flache, weite Landschaft ohne steile Berge und Serpentinen.*

Schwerin: *Der erste Kaffee in der neuen Stadt mit Blick auf den Schweriner See.*